Vera Hewener

Zaubervolle Jahreszeiten
- Der Sommer -

Sommergedichte, Geschichten und
Gedanken zur Sommerzeit

Edition Calamus

Über die Autorin

Vera Hewener *1955, lebt in Püttlingen-Köllerbach. Veröffentlichungen seit 1985 in Deutschland, Ungarn, Frankreich und der Schweiz. Einzelübersetzungen ins Französische und Ungarische. Vera Hewener erhielt für ihr Werk mehrere internationale Auszeichnungen und Literaturpreise u.a. „Superpremio Cultura Lombarda" vom Centro Europeo di Cultura Rom (I) 2001, den „Grand Prix Européen de Poésie" von CEPAL Thionville (F) 2005, Goethe-Preis 2013, Trophäe Mörike, zuletzt Wilhelm Busch Preis 2017.

Über das Buch

Die Sommeranthologie versammelt die schönsten Gedichte und Geschichten zur Sommerzeit aus dem literarischen Werk von Vera Hewener. In malerischen Impressionen fängt der lyrische Reigen den Reichtum und die Schönheit dieser Jahreszeit ein. Kalendernotizen führen durch die Natur, das Brauchtum, die Fest- und Feiertage. Die Texte entstanden zwischen 1985 und 2017.

Pressesplitter

"Zart und duftig sind viele dieser Gedichte, voller Freude über den Einklang mit der Natur; hymnisch-gewaltige Gesänge lassen an Hölderlin und Rilke denken.... (SZ, 17.11.03)
„Heweners Sprache ist Rhythmus und Malerei. " (SZ, 07.05.02)
„Anmutige, unverbrauchte Bilder.. findet Vera Hewener für das unaufhaltsame Werden und Vergehen der ständigen Erneuerung und ganz besonders für den Duft und Blütenglanz des Frühlings..." (SZ 07.06.2017)

Vera Hewener

Zaubervolle Jahreszeiten
- Der Sommer -

Sommergedichte, Geschichten und
Gedanken zur Sommerzeit

Edition Calamus

Die Deutsche Bibliothek verzeichnet diese Publikation in der Deutschen Nationalbibliografie; detaillierte bibliografische Daten sind im Internet unter http://dnb.d-nb.de abrufbar.

Umschlagsbild: Ölgemälde von Vera Hewener
1. Ausgabe 2017.

Herstellung und Verlag:
BoD - Books on Demand
In de Tarpen 42
D- 22848 Norderstedt
ISBN 9783744870993
9,90 €

Aufgang des Sonnenfeuers

Wind wiegt die Zweige
Aufgang des Sonnenfeuers
Rotkehlchen loben

Im milden Wind des Frühsommers

Die Wärme hat zugenommen. Abends fegt der Wind sanft das Licht aus dem Tag. Lau und mild fühlt er sich an. Die Wiese nimmt die leichte Bewegung auf, das Gras bildet kleine Wellen, in denen letzte Bienen schwimmen, vollgetrunken, flügelschwirrend, Abschied nehmend. Der Löwenzahn, eine der frühen Bienenweiden, hat ganz von ihr Besitz genommen. Er blüht und blüht weiter fort in den Sommer hinein. Bis in den frühen Herbst wird er bleiben und sein strahlendes kleines Sonnengesicht ins Blaue recken. Mit dem Verblühen verstreut er seinen Samen immer wieder neu aus. Die Schirmchen verpusten sich und werden langsam davongetragen. Der gewöhnliche Löwenzahn mit dem botanischen Namen Taraxacum sect. Ruderalia, wird in der Volksheilkunde, der Medizin und in der Küche vielseitig verwendet. Die Bitterstoffe machen den Löwenzahn so wirkungsvoll. Sie fördern sie Sekretion der Verdauungsdrüsen und sind harntreibend. Weshalb im Volksmund auch von Pissblume, in der moselfränkischen Mundart von Bettseecher, und in Frankreich von pissenlit gesprochen wird. Man nennt sie auch Kuhblume, Hundsblume oder Pusteblume.

Auch die Gänseblümchen werden lange bleiben. Sie kommen im frühen Frühling aus der Erde und verweilen ebenfalls bis in den Herbst. Jedenfalls hier in meiner Wiese. Es gesellen sich noch andere wild wachsende Wiesenblumen hinzu. Hornveilchen, Mohnblumen und Wicken werden von den angrenzenden Gärten und Feldern herübergesandt. Der Holunder hat angefangen zu blühen und überhängt unsere Lebensbaumhecke.

Bauernregeln und Sprüche
Wie der Holunder blüht, so blühen auch die Reben.
Kuckucksruf und Nachtigall - Sommer ist es überall.

Zitate
"In einem dankbaren Herzen herrscht ewiger Sommer."
Celia Layton Thaxter
„Nie bekümmert es die Sonne, dass einige ihrer Strahlen weit und vergeblich in undankbaren Raum fallen und nur ein kleiner Teil auf den reflektierenden Planeten." Ralph Waldo Emerson

Löwenzahn

Geh voran Tellerblüte,
stell dein Körbchen auf,
öffne die verwurzelten Zungenblüten
dem blauen Blick,
dem Freien,
dem Luftigen,
dem Wohltemperiertem.

Lass dein gelbes Polster
Käfern ein Stoppelbett sein,
bis deine abgeblühten Hochblätter
Haarfäden binden, Schneekugeln gleich,
und dein Schirm sich hinweg hebt
wie ein schwebender Schwan,
um erneut niederzulassen
den Samen.

Lichtblumenstrauß

Im Wiesenmoos liegen
auf gelb gefüllten Löwenzahntellerchen
mit Magenbitterduft,
in den Ohren ein hohes Tirili,
ein Tschakerditschak, das die Weibchen ruft,
vor den Augen Zitronenfalter,
das Surren jubelnder Insekten,
den brummenden Hummelflug,
den Ameisenritter weckten.
Über mir stellt die Sonne
den Lichtblumenstrauß in die Himmelsvase,
als wollt sie den frühen Sommer in mir blühen lassen.

Im Deutsch-Französischen Garten

Im Park gründeln Schwanenmajestäten
und Kanadagänse, sie kreisen im See.
Die gelben Boote schwanken ans Ufer, jäten
die Wasseroberfläche. In der Lindenallee

schwärmt die Sonne um vornehme Pudeldamen
wie Dackelherren, nicht die Nachtigall singt,
es ist die Lerche. Die Blütenpanoramen
des Gartens duften, die Wasserorgel klingt

im Takt perlender Akkorde wie Kastagnetten,
als drehte das Mittagslicht betört Pirouetten,
überhitzt, betäubt. Die Sommerlieder

verschenken die Melodie, die aufgeklungen,
an Bänke. Tauben haben sich ausbedungen,
auszuruhen unterm Schmetterlingsflieder.

Blue Notes

Kräuteraromen würzen den Park
Blattläuse mäandern

Engelstatuetten
öffnen versteinerte Flügel

Kronenbeete ehren den Fürst
mit Blütenteppichen

Amalie im vollen Marmor
liest in den Seiten des Sommers

Hofgäste schwadronieren ums Schloss
Licht wirbelt Blue Notes

Pusteblume

Blütenblättertellerchen,
sonnengelbes Bitterkraut,
wildwachsendes Wiesenaroma,
verpustet seine Samen.
Wegelagerer wissen
auch nicht wohin.

Wilhelm Heinrichs Garten

Ach du grauer Wilhelm, Zeit gebürstet
auf dem Postament und hoch gehalten,
als Gebieter über Beete. Des Alten
Bestand nach Frühling dürstet.

Kräuter und Gewürze schossen auf,
dem Sonnenlicht geneigt zu applaudieren.
Dem Gärtner Kletterpflanzen wild skandieren,
und manche Bäume streben hoch hinauf,

vertrocknet, ausgezehrt und farbenblind,
die zarte Wärme in den Stamm zu leiten,
um neue Knospen, Blüten zu entbreiten,

dass Pollen fliegen mit dem milden Wind.
Im Schlossgarten das Knistern Gäste lockt,
sich jeder Strauch mit Blättern neu berockt.

Schlossgarten Saarbrücker Schloss

Schlossführung

Die Tore, wie von Geisterhand bewegt,
sich öffnen, gläsern, majestätisch,
die hohe Halle von der Herrschaft angeregt,
nassauischen Geschlechts. Paritätisch

Wendeltreppen, beidseitig gehegt
von Böhmscher Vision, lichtästhetisch
eingebunden, ins Stahlkorsett geprägt,
Verwaltungssitz der Gegenwart, prophetisch

Versammlungen und Ausschüsse sich winden
übers Marmor geschwung'ner Treppengänge,
wie einstmals unterm Lüster der Kristallgehänge

das Schlossgespenst, das geistert in den Fluren,
nochmals den Weg Vergangenem zu spuren:
Wilhelm will Amalie wiederfinden.

Saarbrücker Schloss

Schlossplatz

Die Tore, wie von Geisterhand bewegt,
sich öffnen, gläsern, majestätisch,
die hohe Halle von der Herrschaft angeregt,
nassauischen Geschlechts. Paritätisch

Wendeltreppen, beidseitig gehegt
von Böhmscher Vision, lichtästhetisch
eingebunden, ins Stahlkorsett geprägt,
Verwaltungssitz der Gegenwart, prophetisch

Versammlungen und Ausschüsse sich winden
übers Marmor geschwung'ner Treppengänge,
wie einstmals unterm Lüster der Kristallgehänge

das Schlossgespenst, das geistert in den Fluren,
nochmals den Weg Vergangenem zu spuren:
Wilhelm will Amalie wiederfinden.

Saarbrücker Schloss

Kalenderblatt Sommer

Astronomisch beginnt der Sommer auf der Nordhalbkugel mit der Sommersonnenwende am 21. Juni, wenn die Sonne senkrecht über dem Wendekreis steht und die Tage am längsten sind. Er ist die wärmste Jahreszeit in der gemäßigten Klimazone. Meteorologisch sind ihm die Monate Juni, Juli und August zugeordnet. Phänologisch beginnt der Frühsommer, wenn der schwarze Holunder blüht. Den schwarzen Holunder mit dem Gattungsname Sambucus nigra nennt man im Südwesten Deutschlands und der Schweiz auch Holderbusch, im Bairisch-Österreichischen heißt er Holler und in Norddeutschland Flieder. Einst galt der Hollerstrauch im Hausgarten als Lebensbaum. Er sollte vor schwarzer Magie, Hexen, Feuer und Blitzeinschlag schützen. Als Strauch kann er bis zu elf Metern hochwachsen, als Baum ist er kleiner und hat starke Verzweigungen. Häufig schleicht er sich ungebeten in den Garten ein. Ehe man sich versieht, hat er sich zwischen Heckenbepflanzungen eingewildert und überwächst einfach alles. Die Beeren sind eigentlich Steinfrüchte und enthalten reichlich Kalium und Vitamin C. Bei der Ernte sollte man darauf achten, dass der Saft nicht auf die Schürze spritzt. Der dunkelrote Saft lässt sich aus Textilien nur schwer herauswaschen. Wer gerne Holunderbeeren verarbeitet, sollte sie auf keinen Fall roh essen. Sie enthalten Sambunigrin, ein Pflanzengift aus der Gruppe der Glykoside, das bei der Spaltung des Moleküls Blausäure freisetzt. Erst nach dem Erhitzen ist Holunder für Menschen genießbar. Aus Holunder lassen sich kleine Köstlichkeiten herstellen wie zum Beispiel Holunderpfannkuchen, Fliederbeersuppe, Gelee, Mus, Holundersekt oder Obstbrand. Als Heilmittel wird er heute noch gegen Erkältung, Nieren- und Blasenleiden oder zur Stärkung von Herz und Kreislauf eingesetzt.

Auf Wiesen und Weiden blühen die Gräser und sorgen für Heuschnupfen. Der Winterroggen stäubt. Er gehört zu den stärksten Allergieauslösern. Auf den Äckern blitzt roter Mohn zwischen den Ähren. Durch Parks und Gärten zieht der Duft der Heckenrosen, Nelken und Pfingstrosen. Im

Frühsommer duften außerdem Schwertlilien, Weinreben, Weißdorn und Robinien. Die Imker schleudern nach der Raps- und Robinienblüte die Frühtracht des Blütenhonigs. Die erste Heuernte steht an. Mit dem Beginn der Kartoffelblüte und des Ligusters endet der Frühsommer. Von 1981 bis 2010 dauerte der Frühsommer vom 30. Mai bis 21. Juni. Im Jahr 2016 dauerte er vom 31. Mai bis 19. Juni.

Bauernregeln und Sprüche:
Hört man im Sommer die Füchse bellen, so gibt es guten Wein.
Grünt die Eiche vor der Esche, hält der Sommer große Wäsche, grünt die Esche vor der Eiche, gibt`s im Sommer große Bleiche.

Zitate
„Fanget uns die Füchse, die kleinen Füchse, die die Weinberge verderben; denn unsere Weinberge haben Blüten gewonnen." Hohelied 2, 15

Sommergespräche

Tschakerditschak
knackerdiknack
rackerdirack

Kuckurukuck
schnuckedischnuk
ruckediruck

gurredigurr
surredisurr
schnurredischnurr

tschipeditschip
ziepediziep
fiepedifiep

In der Mitte der Sonne
hält sich im Gleichgewicht
was wir nicht gegeneinander
abwägen können

die Flammen
die Hitze

im Schmelztiegel schleppt sich
dein Himmel ins Licht
versengt das innere Auge

Landschaften zerfallen zu irdischer Asche
erdwärts ihr Rückzug
überstäubt den nackten Boden
mit göttlichen Buchstaben

schöpft die Abschrift des Neuen
aus dem Ewigen
eine höhere Kraft

Schattengericht

Licht lügt den Sommer nicht an,
hängt nicht den Morgen auf
für einen Wasserlauf,
lässt nichts im Regen stehn,
denn im Vorübergehn
bricht schon der Strahlenchor
unter dem Schattengericht.

Verschiebungen

Mild nenn ich dich Etzenhofen
wie du da liegst mit deinen Straßen
inmitten ungezwungener Wiesen

still trägst du den Sonnennebel
auf den Laufsteg der Vögel
die voll des Lichtgolds
in der Luft Pirouetten drehen

unter dem Wärmewall
der sich aus der Höhe löst
bist du die sanfte Zuflucht

leichthin begleitet mich ein Schatten
der auf die gegenüberliegende Seite rollt
Köllerbachs Kyllberg in zartes Dunkel taucht

von weither ein Winken
das die Dorfhügel zusammenschiebt
und das auseinander Liegende verknüpft

Püttlingen-Köllerbach/Etzenhofen

Dufthimmel

Sonne hat mir
ihr goldenes Tablett gereicht
voll luftiger Wärme

ich betupfe mich mit ihr
streiche ihr Parfum
an meine Schläfen

Sommeraugen schweifen
blinzeln gelbgesättigt
über Mohnblüten

duftvoller noch
wehen Damaszenerrosen
den Himmel zu

Wind

der die Hügel befährt
Tag und Nacht
kühlt die lodernden Gräser

Wind bist du
wenn deine Haut
mir Nahrung ist
Tag und Nacht
im Grunde aller Wiesen

Die Glockenblume

Du blühst von Licht erfüllt
voll des Blaus in meinem Garten
dein Glockenspiel ein Solostück
im Gesang der Vogelarten

Dein Aufbegehren will mich necken,
selbst ein wenig aufzublühn;
inmitten aller Buchsbaumhecken
regt sich die Seele aller Müh'n.

Und wenn an deinem Duft
ich schnupp're, berauscht vom Wunsch,
aus deinem Kelch zu trinken,
den honigsüßen Sommerpunsch,

so bin ich aufgelöst im Sonnentau,
in heller Freude und tränke
auch die Lust der Hexenfrau
aus dieses Sommers Lebensschänke.

Die Waldmaus

Wenn im Wald die Füchse schnüren,
Mäuse sich zu Läufern küren.
Büchst ein Frischling aus der Rotte,
kommt der Fuchs meist nicht zu Potte.
Denn das Mäuslein, flink und flugs
macht sich mit dem Fuchs 'nen Jux,
rast, eh sich der Fuchs besinnt,
ins Erdloch rein, schnell wie der Wind,
zieht die Erdbautüre zu,
So, Herr Fuchs, mein ist die Ruh!

Lachwald

Im Wald und auf der Heide,
dem Lehrer ganz zur Freude,
sind wir am Wandertag marschiert,
haben den Proviant probiert
und aufgepasst aufs Kleid.

Den ganzen langen Weg
gequakt wie Frösch unstet,
die Mundorgel ganz durchgesungen,
die Rehe um die Ruh gezwungen,
bis die sich abgedreht.

Die Hasen sind gehüpft,
gern uns den Strick geknüpft
damit der Chor verstummen soll,
sogar die Füchse wurden toll,
doch hat das nichts genützt.

Wie haben wir getönt,
der Lachwald sich gesehnt,
dass bald der Wandertag vorbei,
der Wald vom Missklang wieder frei,
auch wir haben gestöhnt.

Der Lehrer war zuvor
ein Dirigent im Chor,
wollte dass wir wie Engel sangen,
wenn auch die Stimmen anders klangen,
ihm klang es gut im Ohr.

Das Schönste an dem Tag,
die Rast war der Ertrag.
Im Gasthaus gab es Eis am Stil,
dafür war uns doch nichts zu viel,
Wir machten noch mehr Krach.

Der Lachwald steht noch immer.

Heut ist es noch viel schlimmer,
mit Geocaching überall
verunsichern sie Berg und Tal.
Der Wald schweigt nie und nimmer.

Botschaften

Welch zierlicher Kuss
der aus Tauben spricht

zwischen den Ästen
herabgesogen
Blau

das lichthell
mit weißer Feder
einen Bogen zieht

Luftbrief
Herzschriften

willst du sie lesen
zieh an die Sonnenbrille
dass gelb sie dir scheint
und warm wie Glut

Ein Unerreichbares:
Quelle des Lichtbrunnens
aus dem die Sonne trinkt
den Wechsel der Jahreszeit
in den Himmel gestundet

Pfingsten

Pfingsten

Ich spür den Hauch in meine Seele fließen,
den Du verströmst, mit dem Du jeden bannst,
den Du erwählst, mit dem Du fesseln kannst.
Dein Wort, Dein Geist sich über mir ergießen.

In dieser Welt die Zweifel mich entließen,
die Kraft des Glaubens in mir eingepflanzt
in meine Seel, in der dein Himmel tanzt,
dein Engelheer will meinen Weg beschließen.

Voll Ehrfurcht will ich folgen deiner Weisung,
die Du gesandt und lege Zeugnis ab:
das Leben stieg empor aus einem Grab.

Erlösung schenkst du deinem Volk als Speisung.
Das Kreuz, das Du für alle hast getragen,
der Liebe Spur, wird in die Herzen ragen.

Ach Jehova

Wo in feinen zarten Tropfen
die Nässe mich erweckt
weht der Hauch der Dämmerung
Auf ihrer Fährte finde ich
Weihrauch und Myrrhe
im brennenden Dornbusch

Was schreibst Du mir an, Hüter der Welt
einer Blinden im Wüstenstaub
nie kann ich Deinem Ruf gerecht werden
zu sehr wächst mir die Haut
über dies Leben der Fragen

Entlasse Deine Gläubige
die sich verirrte
in den unzähligen Straßen
Deiner Kalender

Auf dem Weg zu dir

hingeweht der Körperstaub
Straßen tönernen Granits

Steine wie Augen
die in Jahrtausende sehen

Geröll der Schlachtenfelder
Sumpfgebiete

der da greift
nach meinen Herz

ist unerbittlicher als Feuer

Kalenderblatt Pfingsten

Fünfzig Tage nach Ostern und zehn Tage nach Christi Himmelfahrt wird das Pfingstfest (griech. pentecoste = fünfzig) gefeiert. Es erinnert an das Kommen des heiligen Geistes. Er geht auf das Ereignis zurück, das in der Apostelgeschichte (Kap. 2) des Neuen Testamentes beschrieben steht: „Und es geschah plötzlich ein Brausen vom Himmel wie von einem gewaltigen Wind und erfüllte das ganze Haus, in dem sie saßen. Und es erschienen ihnen Zungen zerteilt, wie von Feuer; und er setzte sich auf einen jeden von ihnen, und sie wurden alle erfüllt von dem heiligen Geist und fingen an, zu predigen in andern Sprachen, wie der Geist ihnen gab auszusprechen." (Lukas 2-4) Das Pfingstereignis gilt als Geburtstag der Kirche. Die Jünger erzählten von den Taten Jesus. Die weltweite Mission begann. Die Taube ist das Symbol des Herabkommens des heiligen Geistes. Ehemals wurde symbolisch eine hölzerne Taube in den Kirchenraum herabgelassen. Das Pfingstfest ist ein Hochfest und beendet den österlichen Festkreis. Der Pfingstmontag ist ein gesetzlicher Feiertag in Deutschland, Österreich, Luxemburg, in weiten Teilen der Schweiz und in Ungarn.

Da das Pfingstfest nach den Eisheiligen liegt, wurde im Brauchtum auch die wiedererwachte Natur gefeiert, der endgültige Einzug des Sommers. In ländlichen Gegenden wurde bis ins 19. Jahrhundert der Pfingstochse in einer feierlichen Prozession durch die Felder und Straßen getrieben. Das Pfingstfeuer wird heute noch mancherorts entzündet. Die lodernde Flamme symbolisiert den heiligen Geist. In der Nacht von Pfingstsonntag auf Pfingstmontag ist die Unruhnacht oder Bosheitsnacht in Österreich und Teilen von Deutschland. Ursprünglich sollten in dieser Nacht böse Geister ausgetrieben werden.

Die Pfingstrose ist die einzige Rose ohne Dornen. Der Legende nach erblühte sie, weil eine Frau in ihrem Rosengarten die Kreuzigung Jesu beweinte. Als sie vom Pfingstereignis hörte, lief sie wieder in ihren Garten und entdeckte, dass die Rosensträucher keine Dornen mehr hatten. Von den Pfingstrosen (bot. Paeonia) gibt es 32 Arten. Botanisch sind sie keine Rosengewächse, sondern haben eine eigene Gattung, die Pfingstrosengewächse. Früher zählten sie zu den Hahnenfußgewächsen. Die Wurzeln sind leicht giftig. Als Heilpflanze wurde sie bereits in der Antike wegen ihrer krampflösenden und beruhigenden Wirkung eingesetzt. Im Christentum gilt die Päonie als Marienblume. Als Rose ohne Dornen steht sie als Zeichen für Heil, Geborgenheit und mütterliche Liebe. Die Pfingstrose verströmt einen zarten, zauberhaften Duft.

Am Sonntag nach Pfingsten feiert die katholische und evangelische Kirche den Dreifaltigkeitssonntag. Die Christen beten: „Durch Jesus Christus, deinen Sohn, unseren Herrn und Gott, der in der Einheit des Heiligen Geistes mit dir lebt und herrscht in alle Ewigkeit." Gottvater, Gottes Sohn und der Heilige Geist sind gleichwertige Personen des einen Gottes.

Am Donnerstag danach, zehn Tage nach Pfingsten bzw. 60 Tage nach Ostern findet das Fronleichnamsfest statt. 1246 wurde es erstmals im Bistum Lüttich gefeiert. Papst Urban IV. erhob es 1264 durch die Bulle Transiturus de hoc mundo zum Fest der Gesamtkirche. Es ist ein Hochfest und bezieht sich auf den Leib des Herrn in der Brotgestalt und das Blut Christi. Im Mittelpunkt steht die Eucharistie. Sie wird öffentlich in Form von Prozessionen gefeiert. Blumenteppiche werden ausgelegt, Altäre hergerichtet, Felder und Wälder, Häuser und Arbeitsstätten, Straßen und Plätze gesegnet. Martin Luther betrachtete dieses Fest als Gotteslästerung. In überwiegend katholischen Gebieten ist Fronleichnam ein Feiertag.

Bauernregeln und Sprüche
Wenn's zu Pfingsten regnet, ist die Erde wohl gesegnet.
Pfingstregen bringt Weinsegen.
Regnets am Pfingstmontag so regnets noch sieben Sonntag.
Nach oben schau, auf Gott vertrau, nach Wolken wird der Himmel blau.
Fronleichnam schön und klar, sagt an ein gutes Jahr.

Zitate
„Der Pfingsttag kennt keinen Abend, denn seine Sonne, die Liebe, geht nie unter." Theodor Fontane
„Quäle dich darum nicht mit der Frage: Habe ich den Heiligen Geist empfangen, sondern frage dich bloss: Habe ich um ihn je gebetet?" Martin Hubacher, Pfarrer am Berner Münster

Und redete mit Zungen

Ich pilgere im dünnen Gras
das weite Wege gehbar macht
vom Lichtern bin ich aufgewacht
die Finsternis ich ganz vergaß

Es hellte aus den Höhen mir
ein weißes Tuch mit roter Schrift
Wenn dich die Botschaft Gottes trifft
redet er klar und laut zu dir

Der Pilgerweg dich weiterführt
schau nicht zurück denn er ist hier
Du bist sein Bote sein Kurier
du bist von seinen Geist berührt

Ich pilgere im grünen Gras
in weiten Wegen hin zum Licht
Dass mir sein Geist fortan gebricht
verschüttet er sein Liebesmaß

Shin

Wo bleibst du
Seele
die in mir selbst ist
und du
Seele
in der ich selbst bin

Kein Feuer
verbrannte je deinen Stern

Wo du bist
ist sonst keiner

Wo wir sind
bindet uns Einer

Sefirot

Lichtfunke
die Windwurzel
ausgesandt vom Ursprung der Quelle

spinnt mich ein
in Sein Geweb

schickt mir Serafin
der mir den Weg brennt

Ich bin Werkzeug
der Mutter der Welt

Licht vom Licht

Suche im Licht
das Züngeln der Strahlen
lass dich behellen
sieh nicht mehr herab

gib deine Seele
in all dieses Leuchten
es überstrahlt
alles Weh alle Klag

strahlt deine Seele
auf andere Seelen
leuchtet das Licht
in allen fort

du bist der Leuchter
den er entzündet
trage die Kerze
an jeglichen Ort

Glühe Würmchen glühe

Glühe Würmchen glühe
nachts bis in die Frühe
Küsse unterm Käferschrein
Mondlicht kann nicht schöner sein

Sommerlied

Sonnenhand hat die Luft verbrannt
hat ersonnen hat versponnen
den Horizont mit weißem Schimmer

Sonnenstand überm Himmelsrand
wählt die Zeiten in den Weiten
und haucht herab den heißen Flimmer

spiegelt das Licht
auf den Zeigern der Mittagsuhr
schlägt eine Tür
in den Herztakt der Sommerflur
die Ordnung sie verpönt
den Wildwuchs sie verschönt
dort blüht versteckt
die Rose unentdeckt

Heller Glanz Sommereleganz
auf Terrassen in den Gassen
flanieren Menschen die laut lachen

Wolkentanz blaue Brillanz
Sonnenlüster Windgeflüster
treibt vor sich her des Tages Nachen

Kalenderblatt Juni

Der Juni ist nach der römischen Göttin Juno benannt, Gattin des Göttervaters Jupiter, Göttin der Ehe und Beschützerin von Rom. Kaiser Nero nannte den Junius in Germanicus um. Der Februar des kommenden Jahres beginnt mit dem gleichen Wochentag wie der Juni. In den Juni fallen einige bewegliche Feiertage wie selten Christi Himmelfahrt, häufig Pfingsten und Fronleichnam. Der alte deutsche Name war Brachmond oder Brachet. Dies geht auf die Dreifelderwirtschaft zurück, da im Juni die Brache bearbeitet wurde. In den Juni fällt auch der astronomische Sommerbeginn mit der Sonnenwende am 20. oder 22. Juni. Der Juni wird auch Rosenmonat genannt. Es gibt die dauerblühende, blutrote, nicht duftende Strauchrose Johannisfeuer II, das Johannisröschen, eine winterharte, leicht duftende weiße Strauchrose, die rot-orangene Edelrose Johannisnacht Jakobi mit Teerosenduft oder die rote Teehybride Johanniszauber mit leichtem Duft.

Um den 11. Juni herum kann es zu einem Kälteeinbruch kommen. Die sog. Schafskälte bringt Kaltluft infolge eines Tiefdruckgebietes nach Europa. Da die Schafe in früheren Zeiten bereits geschoren waren, konnte es vorkommen, dass einige Tiere nicht überlebten. Lämmer und Muttertiere werden heute erst Ende Juni geschoren. Mit der Sommersonnenwende werden in den nordischen Ländern Mitsommerfeste gefeiert. Die Sonne geht nahe den Polarkreisen nicht mehr unter. Am Nordpol dauern die Tage ohne Sonnenuntergang, die „sog. weißen Nächte", das ganze Sommerhalbjahr an. Die Urlaubszeit beginnt.

Bauernregeln

Brachmonat kalt und nass leert Scheuer, Küch' und Fass.
Wenn im Juni Nordwind weht, das Korn zur Ernte trefflich steht.
Soll gedeihen Korn und Wein, muss im Juni Regen sein.

Zitate

„Wie ein Wasser ausläuft aus dem See, und wie ein Strom versiegt und vertrocknet, so ist ein Mensch, wenn er sich legt, und wird nicht aufstehen und wird nicht aufwachen, solange der Himmel bleibt, noch von seinem Schlaf erweckt werden." Hiob 14, 11-12

Hoch über der Tierklinik

Ausgestreckt hast du dich Futterhaus
unter Sonnenzeichen hallt Tiergemurmel
in den Himmel in die übers Straßennetz
gestülpte Trockenhaube

das Kind, das darin herumläuft, sucht seine Katze
sie schläft mit Artgenossen auf dem Parkplatz
unter Schatten der Randsträucher
die in die Höhe dörren

Mauerwerk, hart geworden, kühlt unterm Vordach
die kauernde Schlange Hilfesuchender
unnützer Glanz fällt auf jene
die mit Wasser sich besprengen

später wenn die Nacht Hand anlegt
an die Glutglocke gießt Dämmerung
ihr Taubengrau ins Licht
mit den letzten Funken schließt die Praxis

Der Floh

Im frisch verdorrten Stroh
verirrte sich ein Floh.
„So", sprach die Frau Mama,
die das Entschwinden sah,
„Komm du mir nur nach Haus,
ist's aus mit deinem Schmaus!"

Der Floh jedoch war froh,
denn er verpasste so
ganz ohne große Flausen
das ungeliebte Zausen.

„Ach Kind, wo bleibst du nur?
Was bist du nur so stur!"
schimpft sie ganz nervös
und wurde langsam bös.

Als auf die Straße lief,
die Sonne stand schon tief,
ein kleines weißes Kätzchen,
verspielt mit lauter Mätzchen,
da sprang die Flohmama
mit leisem Hopsassa
aufs süße Katzenkind
und brachte ihm die Grind.

Dies sah die Katzenmutter,
sie brachte grad das Futter.
begann mit Argusaugen
das Fell gleich abzulaugen.
Da fiel die Flohmama
ganz ohne Hopsassa
in jenen Laugentank,
sank hurtig und ertrank.

Aufs wollig warme Stroh
das Katzenfellshampoo

die Katzenmutter goss,
und über'n Kindfloh floss.

Da floh der kleine Floh
gebadet aus dem Stroh
und suchte nun mit Grausen
die Flohmama beim Zausen.

Es rief ein kleiner Floh:
„Wo bist du Mutter, wo?"

Sonnenuhr

Straße des Lichts
Sonnenschmelz
brennst dich mir ein
wärmende Schönheit
schickst mir Ikarus
für den Höhenflug

im späten Spelz
flattern Glühwürmchen
um die Sonnenuhr

Leuchtfeuer
für die Landung
der Dunkelheit

Johanni

Am 24. Juni ist Johannistag. Die katholische Kirche feiert den Geburtstag Johannes des Täufers als Hochfest. In der Nacht vor dem Johannistag werden mancherorts noch Johannisfeuer entfacht. In früheren Zeiten sprangen Liebespaare gemeinsam durch das Johannisfeuer, um ihr Glück zu festigen. Wer seine Krankheiten verbrennen wollte, sprang mit einem Sonnwendgürtel, so nannte man den Kräutergürtel aus Beifuß, durch die Flammen und verbrannte ihn anschließend. Der Johannistag galt auch als der Tag der Heilkräuter, weil an diesem Tag die Kräuter für die Hausapotheke wie Johanniskraut, Arnika, Kamille, Klette, Bärlapp, Beifuß, Eisenkraut, Königskerze, Quendel oder die Ringelblume gesammelt wurden. Die kräuterkundigen Frauen nannte man auch Johannisweiblein.

Das Heilkraut Johanniskraut, botanisch Hypericum perforatum, enthält Hypericin. Es wirkt krampflösend, adstringierend, antidepressiv und beruhigend. Es hat viele Namen wie Blutkraut, Christusblut, Kreuz-Christi-Kraut, Mannskraft, Marienbettstroh, Marienkraut, Sonnwendkraut, Stolzer Heinrich, Tausendlöcherlkraut oder Teufelsflucht. Wenn man die Blüte zwischen den Fingern zerreibt, tritt ein blutroter Saft aus. Er soll auf das Blut Christi zurückgehen, weil die Pflanze der Legende nach unter dem Kreuz Christi stand und die Tropfen seines Blutes aufgefangen haben soll. Der rote und gelbe Farbstoff eignet sich zum Färben. Der Johannistag wird auch Spargelsilvester genannt. An diesem Tag endet die Spargel- und Rhabarberernte. Der Spargel benötigt eine Ruhepause, die Rhabarberpflanze enthält nach dieser Zeit zu viel Oxalsäure und ist nicht mehr genießbar. Abends leuchten im Juni die Johanniskäfer, im Volksmund Glühwürmchen genannt. Mit diesem Leuchten locken sie die Weibchen an. Es ist nur bei gutem Wetter zu sehen, weshalb die Glühwürmchen in die Wetterregeln eingegangen sind.

Bauernregeln
Regnet's am Johannistag, regnet es noch vierzehn Tag.
Glüh`n Johanniswürmchen helle, schöner Juni ist zur Stelle.

Lichte Liebe

Junikäfer landen leise
auf der Gartenmauer.
Flügelchen vibrieren weise,
Luft wird stiller, lauer.

Auf der Wartebank der Liebe
sehnsuchtsvolles Glühen;
ungehörig wer sich riebe
ohne sich zu mühen.

Voller Lust und Lebensfreude
glüht es auf und wieder
fallen die Erleuchteten
ins warme Grasbett nieder.

Alle scheuen Erdbewohner
fühlen sich belichtet.
Glühwürmchen, der helle Lohner,
wird zum Dank bedichtet.

Ein Sommerspiel
3. Juni 2004

Ein Dach aus Himmel
gestreift von langen Wolkenrispen
an denen weiße Federn bauschen
und ein Delphin der stolz sein Grau
über das Wasser trägt
ein kleines Mädchen reitet ihn
und jauchzt und jubelt laut

das plätschert hin und her und singt
und auch ein Junge schwimmt
auf einem Krokodil das grün
sein Maul erhebt und rotes Feuer spuckt

und haucht und faucht im Sonnengelb
im Kampf mit dem Delphin
den antreibt seine Reiterin
dass Wasser aufrauscht zu Fontänen
bis Kugeln übers Becken spritzen

bald vorne dran die Mütter staunen
und hier und dort ein Vater

Barkarole

Im Schauer sehnen wir uns einen weißen Strand
ein Liebesspiel das uns gefiel

ein laues Lüftchen hebt die Körner aus dem Sand
im Wasserspiel aus zartem Priel

umkost die Füße uns als Liebespfand

wenn unser Flehen sich im Himmelslauf verfängt
Wolken verdrängt mit Licht behängt

beginnt das Flimmern in der Zärtlichkeit der Nacht
und über uns die Sternenwacht

leuchtet geheimnisvoll in stiller süßer Trauer

Pjotr Iljitsch Tschaikowsky „Vier Jahreszeiten": Juni
Nachdichtung Originaltext: A. Pleschtschejew

Hanauer Mittagsmärchen

Heckenrosen glutrot Hibiskus blütenweiß
dazwischen wild wachsender blasslila Günsel
schläfern entlang der Steinheimer Wehrmauer

die Gassen der Fachwerkbauten kleiden
Pflastersteine mit Märchenaugen aus
Hänsel und Gretel suchen nach dem Knusperhäuschen
Rotkäppchen läuft dem Wolf
mit einem Obstkorb davon
auf den Bänken des Hofbräuhauses
ducken sich die Bremer Stadtmusikanten

in der Altstadt döst im Café Hutten das Aroma
der Röstmischungen strömt über Gartentische
in die Blumenkästen
und trägt das Summen labender Insekten
in den kornblauen Himmel in den Frau Holle
zwischen Sonneninseln
haufenweise Federwölkchen haucht

eine diebische Elster kauert ermattet
auf dem Stadtschloss des Alten Rathauses
eine schwarze Katze schleicht umher
im Blick die Beute des Mittagmärchens

nur die drei Glocken im Turm läuten
den Brüdern Grimm ins Gewissen
Dichtung und Wahrheit zu trennen

Pinselstrich des Mittags

Flimmerndes Lichtviolett
auf den Gesichtern der Häuser
in der Ebene la Crau

im Hochstand der Sonne
weiten sich Kornfelder
gelb durchstuft

bleiche Strohzäune grüner Gärten
spiegeln sich im Bachlauf
von Ähren überhangen

im Schutz der Hügelkette
träumt die Provence
den Pinselstrich des Mittags

*Zum Bild: Die Ebene La Crau bei Arles mit Montmajour im Hintergrund
1888.*

Am Flutsaum

Es war der zweite Samstag im Juni 2011. Den Himmel durchzogen hellgraue Zirruswolken, die von leichten Feder-wölkchen, welche das Meer in die Höhe blies und nun der Wind vor sich her trieb, durchbrochen waren. Kein wirklich sonniger Tag, dennoch lud das Unentschieden der Regen-front dazu ein, sich das Wetter am Meereshorizont näher anzusehen um herauszufinden, ob leichte Kleidung ange-bracht war.

Das Meer lag staunend in seinem Tiefbett und glitzerte. Keine Anzeichen einer Schauerneigung war zu erkennen. Der Ozean zog sich zurück und hinterließ am Flutsaum Un-rat, Tang und totes Getier. Zwischen den angeschwemmten Haufen aus Tang lagen bäuchlings tote Krabben, leere Kunststoffflaschen, zerstückelte Hölzer und aller Art Mu-schelschalen. Ein größerer Fischkutter musste wohl die Net-ze geleert haben, anders war dieser Selbstreinigungsver-such des Meeres nicht zu verstehen.

Wie sollte urplötzlich soviel Tang von der Strömung mit-gerissen worden sein, dass er den Strand in seiner sichtba-ren Länge komplett verschmutzte? Möglicherweise hatte es schweres Wetter auf See gegeben und der ganze Sheet-kram, wie Hamburger Fischer sagen würde, wurde an Land gespült. Von einem Sturm oder gar Orkan wurde jedoch nichts berichtet. Vielleicht hatte ja Triton sein Schwert ge-schwungen und die Wasserwiese gemäht für den Schön-heitsschlaf der Meerjungfrauen. Inzwischen waren die ers-ten Meter des Flutbereichs trocken gefallen und mit ihnen der Tang. Meerjungfrauen waren darin nicht zu finden. Die schwarzen Berge glichen Maulwurfshügeln. Strandläufer nötigten sie dazu, entweder sie zu umlaufen oder zu über-springen. Spaziergänger umgingen sie einfach elegant.

Es war lange her, dass die Silberküste sich für Erholung suchende Gäste in den Schmutz geworfen hatte. Vielmehr ließ man sich vom Lichtfieber gefangen nehmen, um zu erahnen, wie im entfernten Horizont die Töchter Tritons sich im endlosen Sonnenlicht die Haare kämmten, so sehr glit-zerte und flimmerte es. Die Ölpest, die vor einigen Jahren vor Frankreichs Küste zwei Jahre lang für ein schmieriges Vergnügen sorgte, hatte der Ferienort unbeschadet überstanden, da er ständig bemüht war, die natürliche Ordnung wieder herzustellen und aufrecht zu erhalten.

Da kam mir ein Ereignis der besonderen Art in den Sinn. Auch dies lag Jahrzehnte zurück. Ein Pottwal musste sich in der Richtung geirrt haben, denn er strandete dort, wo sich jetzt der Tang ausbreitete. Leider war er schon stark ausgetrocknet, so dass auf Rettung dieses Meeressäugers kaum zu hoffen war. Sollte man zusehen, bis der letzte Atemzug getan war, um den Kadaver seiner Bestimmung zu übergeben?

Die örtliche Feuerwehr entschied anders. Für den Abtransport hätte es wohl eines Krans bedurft, um das tote Tier auf ein Fahrzeug zu hieven. Ihn einfach wegzufliegen schien angesichts der angesammelten Badegäste aus Nah und Fern zu spektakulär und ebenfalls sehr aufwendig. Es wäre kein erfahrenes Meervolk gewesen wäre man nicht zu der Überzeugung gelangt, in den Sand eine Art Seemannsgrab zu schaufeln, damit Triton seinen ausgedienten Ritter der Tafelrunde wieder zurücknehmen konnte. Und so geschah es. Mit Schaufeln wurde eigenhändig so lange Sand um das Tier herum weggeschafft, bis das Loch sich mit Wasser füllte und zu erwarten war, dass die nächste Flut ihm zum Geleitzug in die Meeresgründe wurde. Noch Jahre später erzählte man sich die Geschichte und dachte an den verirrten Meeresbewohner.

Doch dies hier war anders. Kein Unglück hatte den Strand getroffen, eher menschliches Versagen vor den Naturgesetzen. Während ich den Tang und die Muschelketten betrachtete, um vielleicht doch noch ein paar Exemplare für meine Muschelsammlung zu finden, flogen dicht über dem Ufer ein weißes und kurz danach ein gelbes Sportflugzeug über den Köpfen der wenigen unverdrossenen Meeresliebhaber hinweg. Kaum war das Geknatter entschwunden, tauchte am nördlichen Küstenstreifen ebenfalls dicht am Ufer ein Fischkutter auf, im Schlepptau unzählige Möwen. Wer auch immer für das Ereignis verantwortlich war, der atlantische Ozean versorgte Mensch und Möwen weiterhin unbeeindruckt davon mit fischreichen Fängen und wieder frisch gespültem Gischtschaum.

Körbe des Gartens

Sonnenblumenkranz
Engelstrompeten weihen
den Gartentempel

Im Blumenreich

Im Klostergarten steht ein blauer Hirsch
und röhrt im Blumenreich ein Glockenton
der Stille huldigt göttlicher Passion
mitten im Grünen geht sie auf die Pirsch

vom Monte Schlacko löst sich ein Geknirsch
von Kieseln in der Windmeditation
die Rose rügt die Staubindiskretion
mit Duftentzug ein Falter flattert wirsch

vom zitternden Lavendel Eselsdistel
sich entstäubt El Pasos Kaktusohren
sich richten für die Weisheit der Epistel

den Gartenzaun bestrahlt von Chrysanthemen
berankt der weiße Riesling unvergoren
das Reifen muss sich mit Geduld bequemen

Sommergarten

Körbe des Gartens
gefüllt mit Rittersporn und Oleander
gewürzt mit Rosmarin und Koriander

aufsteigt aus Beeten
aus Rosenstock und blauem Flieder
ein Lockruf ein bebendes Gefieder

als plötzlich unter Ästen
Trauer sich verbreitet bei den Gartengästen

es genügte Regenschauer dass die Idylle
sich verkehrte in den Laut einer Sibylle

Auf der Gartenbank hinter dem Haus

frühmorgens in der Wiese sitzen
nichts hören als Vogelstimmen
nichts sehen als Nebeldunst
nichts fühlen als feuchte Luft
am Himmel die weißen Schlieren der Flugbahnen
zwischen den Atemzügen spüren
die Stille allen Anfangs

Das Gartenparadies

Gärten faszinieren uns immer wieder aufs Neu. Jeder Garten hat ein eigenes Gesicht. Ob er dem Anbau von Nutzpflanzen dient, die Natur verherrlicht, Erholung und Erbauung bewirken soll oder Macht und Herrschaft repräsentiert, Gärten begleiten die Menschen von Anbeginn an. Um das Überleben zu sichern, machten sie sich die Fruchtbarkeit der Erde, die Wärme der Sonne und das Wasser zu Nutze. Tiere wurden gezähmt und wild wachsende Pflanzen angebaut. dies gehört zu den Errungenschaften der Jungsteinzeit, etwa 8000 bis 4000 vor Christi. Dies bedeutete auch, dass das Land, auf dem angebaut und das Vieh gehalten wurde, geschützt werden musste. Die ersten Zäune wurden errichtet. Sie bestanden aus Dornenhecken. Später kamen Wälle und Mauern hinzu. Das Land wurde umfriedet, um Schutz und Sicherheit zu finden.

Die Natur mit ihren Unberechenbarkeiten und den Katastrophen erschien geheimnisvoll. Naturgottheiten wurden verehrt, ein „Heiliger Hain" errichtet. Im Reich der Ägypter war die Gartengestaltung eine religiöse Handlung. Wer die Wüste fruchtbar machen konnte, war ein angesehener Gartenbaumeister. Um die Gärten vor dem Hochwasser des Nils zu schützen, wurden sie oberhalb der Ufer errichtet. Die Hängenden Gärten der Semiramis in Babylon gehören zu den sieben Weltwundern des Altertums. In Deutschland waren die Klöster für die Entwicklung der Gartenkultur ausschlaggebend. Benediktiner- und Zisterziensermönche lehrten im Mittelalter die Gartenbaukunst. Klostergärten waren auch die Orte, in denen die Heilpflanzen entdeckt, beschrieben und gezüchtet wurden.

Zitate

"Gelingt es uns, einen idealen Garten zu schaffen, so nennen wir ihn vielleicht unsere "Oase", weil wir darin Zuflucht vor den Widrigkeiten der Welt finden. Oder bezeichnen ihn als unser "Paradies". Metaphern, die wir den gartenbaulichen Bemühungen ältester Zivilisationen entlehnen, in deren Fußstapfen wir in gewissem Sinne noch stets wandeln und deren früheste Gedanken und Handlungsweisen uns eigentümlich vertraut anmuten." Penelope Hobhouse, Gartenarchitektin

Wortlos

Großartige Sträucher
belauern die Musen:
Schmetterlingsflieder
Perückenstrauch
Hibiskus

vom Fenster aus
sehe ich Gartentische
sich in Duftlinien stellen

merkwürdige Szenerie ohne Publikum
die unter Trauerweiden endet
sich erhellenden Sonnenpunkten entzieht

den Gartenzeilen fehlen die Worte

Im Garten

Hier wo Eile im Wind zerstäubt
blüht der Himmel auf

trunken weile ich Schläferin
auf Sonnenhügeln

schlürfe Licht
vom Brennglas der Liebe

das du mir hin hälst
in deinem Flimmern

Absinth und Ambrosia

Hellviolette Ackerwinde klettert am Kraut
der Topinambur empor verstrickt sich
in den Korbblüten der Erdäpfel

im Versteck der Sonnenbank träufelt
Bitterkraut Wermutstropfen ins Gewächs
rosa Rosen schwelgen im Aperitif des Sommers

verströmen ambrosischen Balsam
für die Bienenköniginnen
auf der Nektarspur in den Blütenpfad

im Spalier der Stockmalven und Königskerze
herrscht Honigrausch

Bauerngarten

Pflaumenbaum und Heidelbeeren
Dahlien und Gartenzwerg
Grasnelken und Eberesche
Kräuterbeet und Kompostberg

Rebenranken Buchsbaumsträucher
Vogelhäuschen und Salbei
Rosenbüsche Blütenrüsche
Bauerngartenzauberei

Die Welle

Lichtverzögert
stäubt von der Welle
Steinsame Staub

das Kiesbett
zählt Silbertaler
im Gräserflaum

streu deinen Seelensamen
luftfarbenleicht
über Morgenbeete

Lichtgarten

Lichterloh entbrennen Farbgespenster
im Sonnenbogen

Astersternchen ziehen
Baum beschattet ihre Bahn

Tagfalter schwirren
um mich

Flamenco am Wölfelsbrunnen

In der Sonnenlethargie säuseln gelbe Seerosen
vom Teichgrund kräuseln Halmschöpfe
leichte Wellen auf
im Wasserspiegel äugt ein Reiherpaar
kupfergrün
Steingänse stechen in See

Moos überhauchte Amphoren angelehnt an Steinwacken
öffnen sich dem Himmel
der sein Lichtblau über die Meere schickt
für den Rhythmus andalusischer Stunden

im Flamenco des Frauenfarns tanzt die Vogelbeere
Wacholderdrosseln rasseln den Takt für die Zinnien
die zwischen Thymian und Hauswurz gelbrot erzittern

eingewurzelt im Baumschatten
verwischt die Hitze der Erinnerung
ihre Spuren in den Wurzelschossen

*Gewidmet Agnes und Werner und Himbert Püttlingen, Beim Wölfels-
brunnen, 06.07.07*

Landgarten

Blumentöpfe rund gebaucht
feuerroter Fuchsienstamm
Wurz bewachsener Wasserdamm
steinbetaucht

Grasschöpfe Wind durchfaucht
verwittertes Kinderpaar
steingegossne Gänseschar
zeitverbraucht

Tonamphoren grün gehaucht
würzigmilder Thymian
Vogelbeere Schattenbahn
Luft umschmaucht

Sonnensporen überhaucht
gelbes Seerosengeflecht
Wellenkreise Froschgefecht
Eisenschänke
Vogeltränke
Licht umstraucht

Saarbrücker Skizzen im Sommer 1997

Rote Huldigung

Versteinerter Geruch tränkt den Garten
Rotholz aus Urzeiten wächst ins Licht
Nadelzweige vergrünen

ein Elefant trompetet mir ins Ohr
stampft die Zeit aus der Welt
bis der Kirschbaum vibriert

Raupen verspinnen sich
malen Chinas aufgehende Sonne
mir in die Augen

in den Mammutbaum
für die Astfächer
die sich in der Huldigung
der Neuzeit wiegen

Gewidmet Katharina und Arthur Walz
Püttlingen, Grubenstraße, 29.07.07

Blaues Gartengedicht

Blauer Hirsch
blauer Stuhl
blaue Bank

blaue Kübel
blaue Brücke
blauer Hochbeetrand

blauer Lavendel
blauer Hibiskus
blaue Passionsblume

veilchenblaue Rosenranken
meeresblauer Rittersporn
lilablaue Distelblüte

Blauregen
im Himmelblau

In den Gärten der Zeit

In den Gärten der Zeit
ernten wir was wir nicht säen können

Sekunden voller Glück
Minuten voller Liebe
Stunden voller Geborgenheit

Wir können die Tür aufsperren
die den Garten verschließt
und ins Weite sehen

Manchmal gelingt es
die Erde zu nähren
und der Liebe
einen Grund zu geben

Rose, Wahrhaftige

Rosen duften schon
doch du steckst deine Nase
in Bitterkräuter

Rosenblüte

Wie aus grünen Schattenrissen
sich die Knospe überbeugt
zaubrisch hat sich losgerissen
ihre Blüte dornbezeugt

Blatt für Blatt entzückte Röte
Farbenspiele ungezählt
Herz für Herz sich überböte
wenn das Glück sich's auserwählt

hingegeben diesem Schönen
trifft die Rose tief ins Mark
will sich alles mit ihr krönen
Liebesblume Rosenpark

Garten der Sinne, Merzig

Rosengarten

Rosengestade
Insel voller Gefühl
nimmst auf die Gestrandeten
brennende Wunde wird kühl

Rose Seelenbalsam

in deinen Schonungen
blüht das Verlorene auf
dein Sinnen erfüllter Garten
ebnet den Liebeslauf

Rose Vollbringerin

dein weltentrücktes Leuchten
nährt verstummtes Lebensbeet
mit frischem Liebeskorn
Trauer verweht

Rose Liebesflaum

in deinem Glühen
entflammt loderndes Licht
seliges Taumeln
in deinem Blütengesicht

Rose Entzünderin
elegisches Seelentuch
Glutstätte

Rose Duftreigen
Essenz des Begehrens
Liebesöl
Rose Blütensamt
Purpurseide
Liebesbett

Kalenderblatt Rosen

Die Geschichte dieser Blume beginnt in dunkler Vorzeit. Die ältesten Funde von Rosen sind wahrscheinlich Fossilien in den Colorado Rockies. Sie weisen Abdrücke von Rosenblättern auf und stammen aus dem Paleolithikum vor 35 bis 32 Millionen Jahren. Als die Menschheit sesshaft wurde, sprossen längst unzählige Sorten von Wildrosen aus dem Boden. In Heckenform umgrenzten sie bald Äcker und Weiden, – daher das Wort „Hag". Die Heimat der Rose liegt in Zentralasien. Von da gelangte sie nach China, Japan und Indien. Über Kleinasien fand sie den Weg nach Europa und von hier weiter nach Amerika.

Den nordischen Völkern galt die Rose als Attribut der mütterlichen Liebesgöttin Frigg, noch ausgeprägter war ihr martialischer Bezug. Sie erzählte von blutigen Kämpfen, vom Tod. Durch einen Schwerthieb geschlagene Wunden wurden „Rose" genannt, (Wundrose) desgleichen ein schlachterprobtes Schwert. Als „Rosengarten" bezeichnete man in diesem Zusammenhang den Turnierplatz.

Das antike Griechenland unterschied zwischen der kultivierten Gartenrose „rhodon" und der wild wachsenden Hundsrose „kynosbaton", nachzulesen bei Theophrastos, dem Vater der Botanik. Dieser erwähnt auch schon eine „hundertblättrige" Rose. Darunter versteht man heute die Hybride Rosa centifolia, eine holländische Züchtung der Neuzeit. Sie ging als „Rose der Maler" in die Geschichte ein. Bei der antiken Zentifolie aber handelte es sich wohl um die Gattung der Damaszenerrose, eine Züchtung aus dem Umland von Damaskus. Syrien bedeutet übrigens „Land der Rosen". Die Erkenntnisse über die Destillation von Rosenöl kam aus Persien. Schon im Jahr 810 erhielt Bagdad aus der Provinz Faristan ca. 30.000 Flaschen mit Rosenwasser. Rosenöl ist das teuerste ätherische Öl. Es wird aus den Blütenblättern der Ölrose (Rosa damascena), der sog. "Rose von Schirasch", gewonnen.

Die Rose ist das Symbol der Liebe überhaupt. Es wird berichtet, daß Eva, als sie aus dem Paradies vertrieben wurde, heimlich eine Rose aus dem Paradiesgarten mitnahm und so die Rosen in unsere weltlichen Gärten brachte. In der griechischen Sagendichtung wird Aphrodite, die Göttin der Liebe, aus dem Schaum des Meeres mit einem weißen Rosenstrauch geboren.

Das Mittelalter kannte den „Rosengarten" auch als Code erotischer Wonnen. In den „Rosengassen" war die Liebe käuflich. Wer dort verkehrte, wurde Rosengässler genannt. Während andere Blumen bzw. Blüten meist nur eine Bedeutung haben, variiert die Bedeutung von Rosen je nach Farbe und Anzahl.

Aus der Antike ist die Redensart „sub rosa dictum" überliefert: alles „unter der Rose Gesagte" unterliegt der Verschwiegenheitspflicht. Verbindet man jeweils die Spitzen der übernächsten Kelchblätter einer Heckenrose miteinander, erhält man den Drudenfuß, das mystische Pentagramm, ein uraltes geheimes Zauberzeichen. Die Heckenrose wurde zum Abbild des Geheimnisvollen und Verschwiegenen, weil sie ihr Knospeninneres vor der Außenwelt abschließt. Schließlich wurde diese Symbolik auf alle Rosen übertragen. Geschnitzte Rosen an Beichtstühlen oder die Rosensymbolik von Geheimbünden, wie den Rosenkreuzern, einem evangelisch-christlichen Esoterikerbund der Renaissance, sind sie ein Zeichen der Verschwiegenheit. Das Symbol der Rosenkreuzer ist eine fünfblättrige Rose in einem Kreuz, ähnlich dem persönlichen Siegel Martin Luthers, der weißen Martin-Luther-Rose. Rosenkreuzerverbindungen gibt es auch heute noch.

Im 6. Jahrhundert v. Chr. lobte der berühmte Lyriker Anakreon von Griechenland die heilende Wirkung des Rosenbalsams. Auch Walahfrid Strabo und Hildegard von Bingen beschrieben Heilanwendungen der Wildrose. Das Interesse an einem kommerziellen Anbau begann aber erst mit der Entdeckung des hohen Vitamin-C-Gehalts der Früchte. Sebastian Kneipp empfahl Hagebuttenaufkochungen bei Nieren- und Blasenleiden oder Magenkrämpfen.

Das Christentum entwickelte seine eigene Rosensymbolik, und heiligte die Rose als Sinnbild Mariens. Die kirchliche Ikonographie macht die Rose zum Symbol der Himmelskönigin Maria und der Jungfräulichkeit. Im Mittelalter durften nur Jungfrauen einen Rosenkranz tragen. Die rote Rose wurde zum Sinnbild des Blutes, das der gekreuzigte Jesus vergossen hatte und damit zur himmlischen Liebe.

Zitate

„1ch bin eine Blume zu Saron und eine Rose im Tal. Wie eine Rose unter den Dornen, so ist meine Freundin unter den Töchtern." Hohelied von Salomon (Kap 2.1-2.2)

„Was wir hier kosen, bleibt unter den Rosen" Sebastian Brandt in "Narrenschiff"

„Das Herz und die Rose sind das einzig Unvergängliche" Paracelsus, Theoprastus Bombastus von Hohenheim

Sprichwörter

"Das Buch ist wie eine Rose, beim Betrachten der Blätter öffnet sich dem Leser das Herz." Persisches Sprichwort
"Ärgere dich nicht darüber, dass der Rosenstrauch Dornen trägt, sondern freue dich darüber, dass der Dornenstrauch Rosen trägt" Arabisches Sprichwort

Ein Hauch von Rosen

Rosen tropfen
Öl in den Windhauch
der durch Fenster duftet

all das sanfte Befächeln
wird morgen im Sturm enden
und dein Herz sonnengelöst
kummert ins dunklere Blau

Röschen

Röschen, Röschen, Stachelblümchen
duftest fein und zart
tausend Blätter sind dein Schößchen
bist ein Bienenbad

bist der Zaun vom Gartenpfädchen
bist der Bank ein Dach
bist dem Regenwurm ein Lädchen
wer nach dir greift wird wach

Röschen, Röschen, Stachelblümchen
jeder mag dich sehr
gibst Verliebten kleine Stößchen
für ein Küsschen mehr

Rose, Wahrhaftige

Rose, Wahrhaftige
reinen Anschauens Vergnügen
aufgegangener Zauber aus Kronblättern

nicht abzuwehren dein Duftkuss
du wirst ein Beispiel dem Unberührten
der aus dem Nichts entspringenden Kraft

Schalen die uns die Zeit wachsen ließ
verbrennen im Feuer deiner Sinne
wahrhaftig das Leben beginnt

Rosa centifolie

Rose
farbtrunkener Blütenwall
in sich selbst versunken

Rose
dornverwandter Liebesstachel
Horn ummantelt

Rose
Schönheit verzehrende Blumenpassion
Seelen verkehrend

Rose
Duftwerk
Sinnesmeer
Zauberblume

Blüht in aller Stille
zärtliches Rosengesicht
glüht die Blütenfülle
dir als ein Liebesgedicht

Einen Sommer lang
aus Blüten süffeln ist dir
Biene nicht genug

Oh Rose

Oh Rose
zärtlicher Fächer aus Blütenblättern
wieder und wieder
duftest du mir zu
die Süße zu trinken
die du verströmst

doch nehme ich dich auf in mir
umfasse deinen samtenen Leib
bist du wehrhaft
mit deinen Stachelzacken

Oh Rose
unnahbar Schöne
deine Reinheit
macht mich atemlos

Hundertblättrige

sucht das Bienenvolk Honig
für alle Fälle

Dornröschen

Rosa rubiginosa
Parkwächterin
in deiner Verborgenheit
verberg ich mich

rosa rubiginosa
undurchdringlicher Stachelzaun
Geheimnisträgerin
in dir verschweig ich mich

rosa rubiginosa
im Karminrosa deiner Kronblätter
verwässert das Blut Gestochener

Rosenhymne

Rosenherz lass funkeln
deines Leuchtens Liebesspiel
hüll mich ein in Blütenseide
deinen Blätterstil
trage dieser Düfte Balsam
meinen Sinnen auf
atme dich in meinen Atem
wiege mich hinauf

Königin des Lichts du
Seelenglut berühre mich
tief in allen Schichten
dass mir 's glücken kann durch dich

spüren will mein Herz
das deine trinken deinen Hauch
dass dein zärtlich Übersinnen
nimmermehr verrauch

Sommerrosen

Lass uns Rosenranken flechten
Rosenranken blühende Duftbögen
lass die Tage dieser Jahre
allen Liebens Eingang sein

Lass umweben uns mit echten
Himmelsblicken glühend wir flögen
in den hellen Raum das Wahre
wäre Glanz im Widerschein

Lass uns wiegen und besiegen
was uns hindert alles wir vermögen
uns an Sommerrosen schmiegen
und vom Trennenden befrein

Zur Feier der Sinne

Lass doch das Brennholz des Sommers
in deinen Adern feuern
du kannst die Kälte vergangener Tage
wärmen wie verlassene Glut Zündfunken

wenn es aufsprüht feuertrunken
über Rosenstraßen will Tausendjähriges
in dir blühen die Schöpfung vollziehen

welch ein Sonnenbogen
wenn die Spuren des Lebens sich treffen
Samen schosst Leib für Leib

und die Hochzeit der Sinne
thront über allen Dingen

Renaissancegarten Schloss Berg

Umschlinge mich Buchsgebüsch
mit Knotenpunkten

du bist der Sonnenuhr Leisezeit
Stillfläche blauen Gefalls

versunken zwischen Eibenbällen
nimmt eine Bank meinen Körper auf

Harmonie des Windgestreichs
umsonnt, belichtet
gelöst meine Glieder

Pergolengehölz überspannt
Endpunkte der Splittgänge
von Tausendjährigen umwunden:
Duftkränze aus Rosenranken

inmitten des Grünlieds Tonwechsel
gelber und roter Akkorde
wenn das Schattenglissando sie trifft

Römische Gärten der Villa Borg

Rosenzimmer
römischer Duftfall
Buchsbaumteppichen zu Füßen
auf der Suche nach liebesblauen Blumen

Tropfenträume auf weißem Brunnengehöft
zerspringen auf der Auffangschale
tausendfache Lichtsplitter

Najaden entschweben
weben auf der Ruhebank
Brautschleier für die Heere Jupiters

ich sinne auf der Erinnerungsinsel
Hochzeiten der Römerseele nach
venusisches Geträum
aus vergangenen Berührungen

wie schlicht sie mir scheinen
beim Aufgang der Plejaden
sieben Punkte im Dämmerungshimmel
die noch immer die Richtung ausleuchten

Undine tanzt

Mondfluss silbergeneigt,
ich folge der Spur
teichsichtigen Blicks.
Sonnenfunken zündeln,
nicht Lichtsplitter,
Sternscherben spiegeln sich
im dunklen Nass.

Stimmenschweben, ein Raunen
leichtfüßig über der Wasserhaut.
Kiesel klickern, klirren im Sog,
Strudel verrinnen, versickern,
Nachtwachen tauchen auf.

Drunten im Schilf wirbelt Undine,
im Wassergarten drehen Nymphen
Hochzeitstänze,
flattern über Seerosenblättern
im Takt der Rohrgesänge,
weiße Bänder im Haar.

Zwischen den Wurzelkolben
thronen Tribünen,
Hörstühle für Kardinäle,
Sitzflächen für Libellen.
Auf Seidelbast
wiegt sich die Lilienfrau.

Wer die Nachtgeister überdauert,
nährt sich von Wegwarten
und blauen Blumen.

Drüben in den Sommerarmen

Sommermagie

Himbeerroter Morgen zieht über die Weite
im Köcher schon gelbe Lanzen
glutvoll spellt sich die Sonnenscheibe
aus der Nachthöhle

Gras beginnt zu schwitzen Käferkinder
krabbeln in Blütenkörbchen
Rotbäckchen kullern aus Dornenhecken
Drosselgeschwätz

Juli stimmt das Sommerlied an
sprüht Regenbogenfarben in die Landschaft
Aufgeblühtes lockt mit Fruchtbarkeit
Lavendelaroma

Sommermagie zaubert Glückssterne
am Venushügel pilgert das Liebesvolk
bis der Stab grüne Blätter trägt
Rosenwolken blühn

Im Sonnensaal

Im Sonnensaal
wo das Tagpfauenauge
sich im Lavendel öffnet
und Hummeln sich tummeln
durch Blütensüße
flutet weißhitziger Lichtstrom
die Straßen der Stadt.

Zwischen den Dächern
treibt die Zeit Müßiggang
vor sich her
wie das Ewige die Unendlichkeit

Nichts überstürzt die Takte
der Motorengeräusche
verlangsamt die Bewegungen
der Arbeitenden
selbst Tauben warten aufmerksam

Vor mir die Stundentafel
der Ladenbesitzer
mit Anfang und Ende
Sommerrabatt und Ausverkauf
wen kann der Aufruf zum Kaufrausch wecken

Sonnenseliges hütet
den Freigang des Augenblicks

Donnerwetter

Müde Sonne glüht nicht mehr
Himmel gab die Farbe her
Wolken hängen tief und satt
Meer streicht seine Wogen glatt

Nur der Wind er braust und tobt
von Wald und Dünen hochgelobt
bricht in Mittags Trägheit ein
schleudert Nass durch Mark und Bein

Danke vielmals sagt die Landschaft
applaudiert von ihrer Mannschaft
und der Gast sagt alle Wetter
Donnerblitz wat für 'ne Retter

Mittagswiege

Kunstfarben des Lichts:
Sonnensee und Purpurflaum

vagabundierend wolkenentrückt
in der Weltschonung

schattenlose Landschaft
unter dem Himmelspfau

zärtlicher Zeitfächer
wiegt das Ewige

Sommer

Der die Heißzügel zog
Sommer
Gras ausbrannte
das Flammenschwert

schau in mein Schattengesicht
Sonnen durchwachsen
Lichttage im Schweiß
die zu ertragen
ohne Brille
erblinden heißt

wie weht mich an
Abendrot
Kopffarben
wenden sich
ins Blau

Katzenjammer

Die Sonne morgens ruht in Wolkennestern.
Wie müd sie gähnt! Die Strahlen fallen flach.
Das Dunkel dämmert, Sterne funkeln schwach,
der Mond vergilbt, er fängt schon an zu lästern.

Im Sonnenauge träumt der Schlaf vom Gestern.
Jetzt bläst der Wind, vertreibt ihn ohne Krach.
Der Himmel bläut, die Sonne jammert: „Ach". -
Und Schatten flimmern, sind des Lichtes Schwestern.

Ich dreh mich um, die Fensterläden klappern,
die Spatzen unterm Dach ganz munter plappern,
verkriech ins Betttuch mich, will mich nicht trennen,

doch Helligkeit durch alle Ritzen blitzt,
die Katze hin zur Klappe trippelt, flitzt.
Ich hör sie hinterm Haus 'ner Maus nachrennen.

Schwanensee

Von den Emporen steigt die Nacht.
Monde, die Sternen entsagen,
gleiten dahin wie mit Geisterfracht,
den Schlaf probt der große Wagen.

Dort irrt ein Traum, der nicht träumt,
aus stiller Sehnsucht sich speiste,
der seinen Flaum aus den Tagen bäumt,
sich niemals misst mit der Leiste.

Im Teich zieht ein Schwan eine Silberspur,
das Geraune Rotbarts entfacht.
Pan flötet leise in Moll und Dur,
im Schilf ist Odette aufgewacht.

Die Flügel auf der Wasserhaut
bauschen, ein Tanz mit dem Federkiel,
schwingt auf der Vogel, tönt ein magischer Laut
in das unauslöschliche Spiel.

Auf weißen Schwänen flieg ich zu dir
durch den Wind, sternfädenverstrickt.
Draußen spielt Nacht auf dem Träumeklavier,
zeitlos durch den Äther geschickt.

Mein Federkiel

Schwanengeister die ich rief singen mit mir
gründelnd flügelschlagend auffliegend

mein Federkiel schüttet Blau ins Meer
Steinweiß Rosenrot
felswandgetupft blütengezupft

ach flieg ich auf
wurzellos windgetrieben
rücken Krähen ins Schilfland
Galgenvögel schattenschwarz
Gewitterblitze werfend

Wolken in denen ich verloren ging
treiben über den Schaubuden der Worthändler
den Märkten der Märchenhäuser

und doch kehre ich zurück
Tinte zeichnender Zugvogel
der Blätterspende der Bäume gewiss

Ein Federkissen
aufplustert im Wasserbett
Schwäne gründeln tief

Im See aus Jade
zieht ein Schwan Spiegelspuren
Geständnisse des Lichts

Ausgeschwant
der Teich leergeschwommen
das Schilf koboldfrei
Fischerheiterung

Der Sommer

Durchglüht von Sonne brennt die Zeit uns nieder
der Mensch ermattet matt liegt auch die Herde
die Pinie zundert in der trocknen Erde
der Kuckuck ruft aus Tauben schallt es wieder

Ein zartes Lüftchen wagt's und weht hernieder
schon braust der Nordwind heulend die Beschwerde
der Hirte wähnt dass Sturm sein Schicksal werde
und weint vor Furcht es bangen seine Glieder

Sogleich die Müdigkeit und Ruhe schwinden
aus Angst vor Blitz und Donner und den Fliegen
die sich zu Schwärmen mit Hornissen binden

Oh ja 's ist wahr seht seine Sorgen siegen
der Himmel droht mit flammendem Inferno
und köpft den Weizen Wirbels Intermezzo

Freie Übersetzung der Sonette von Antonio Vivaldi zu: „Le quattro stagioni"

Schattierungen

Ich liege unter Kiefern auf der Sonnenbank
du sagst, auf meiner Haut spiegeln sich
Schatten der Nadelzweige

ein Eichhörnchen schwingt sich
am herabhängenden Ast empor in die Höhe
knackt des Sommers Erträge

schlaftrunken wehrt sich der Baum
verändert meine Schattierungen
am Wurzelsaum

das Pelztier springt hoch
hangelt sich von Geäst zu Geäst
klettert noch hungrig am Stamm herab
und wühlt im Blätterrest

sieh nur, sagst du, was am Boden liegt
sträubt sich nicht

Goldfische wedeln
im Teich kräuseln Wellen auf
Fischreiher jagen

Wind schüttelt Äste
sie schwingen auf und nieder
Vögel verstummen

Ein Salamander
läuft über die Terrasse
Vögel im Zwielicht

Eine Eidechse
läuft über die Terrasse
Vögel im Zwielicht

Berliner Promenade

Ja, sie blenden mich, Schweißperlen,
die auf Wellenkämmen glitzern,
da der Fluss dem Gelbkörper wehrt,
der aus den Höhen Flammen wirft.

Obschon Windäste über die Wasserhaut fächern
lodert die Stirn des Gewässers.
In dieser von Brandwunden gezeichneten Strömung
kräuseln Fische, im Gespräch mit Ankern,
eine Luftblasensymmetrie. Sie gerät in Wallung,
wenn sie auf Steinhöhen trifft,
die den geraden Lauf der Zeit behindern.

Jetzt hat die Sonnenhand den Feuersturm
über die Brüstung getrieben, löst eine Klangfolge aus,
die auf der Esplanade der Eiscafés schwingt.
Versprechungen wildern durch die Hitze,
die den klaren Blick verschmäht.
Schon das Rascheln einer Duftnote Aufsehen erregt,
inspiriert von der Sehnsucht des Sommers.

Ach, ihr kehren jene den Rücken,
die verängstigt sind und wortlos,
die die Gunst der Stunde vergrämen.
Ich spüre die Trauer der verlassenen Tische
bis Guiseppe sie befreit von den Resten
der erotischen Blasphemie.

Im Zenit

In ausgestorbenen Straßenfächern
schwitzen die Dächer.
Grell spleißt Licht sie auf.
Menschendunst verstickt die Luft,
wallt über trockenem Asphalt.

Schläfrige Spatzen stöhnen
auf weißen Fenstersimsen.
In die heiße Stille
schreien suchende Katzen.

Abgestandener Müll gärt,
bläut verdorbenen Tagesgeruch auf.
Ventilatoren jagen Wind in die Kammern.

Die Stadt versteinert
auf ihren erwachsenen Plätzen.
Kinderlachen zerreißt ihr Schweigen.
Aus Regenschauern fällt leise Trauer.

Halde der Ewigkeit

Über Stundenstützen
Sonnenflöze im Himmelblau

die Kohle der Sonne
von Wolken abgebaut

im Luftverhau
leert der Regensteiger das Zeitgold

Lichtschutt
für die Halde der Ewigkeit

Hitze

Sieh es dem Heißwind nach
nie trug er ein Schweißtuch

wie deine Stirn kühlen
mit Wolkenasche im Salzblick

Geständnisse des Lichts
das Nachtwerk befeuern

lass die verbrannte Haut zurück
wenn Mond Dunkelheit
freigibt im Anblick
sternenträchtigen Blaus

Loreley

Drüben in den Sommerarmen
schwelgen Schmetterlinge leis,
brennt Gelbes ohne Erbarmen
Risse in die Erde.

In fröhlich wippender Bluse
krallen sich die Blicke fest
versinkt die schwarzhaarige Meduse
Schiffe in ihr Meer.

In ihren Strähnen klagen Laute
von Sehnen und Verlangen.
Nur einmal wird sie dir zur Braute,
zieht alles in die Tiefe.

Nach dem Sturm

Es war die Zeit, als der Regenbogen
sich über die Häuserzeile schwang
und Wolken, zerzaust, dem Licht enthoben,
am oberen Zenit buntgeschossig durchdrang.

Die Wolkenschleppe, ausgedrückt und blass,
zog mit dem Wind als kärgliche Silhouette
vorüber, streifte das Farbenrund, das wie Strass
auffunkelte als Perlen einer Vogelkette,

welche sich flügelschlagend schmiegte
an den Hals des Nachmittags. Das Verstörte,
eben noch vom stürmischen Gewitter Bekriegte,
atmete auf, der frische Wind den Sommertag betörte.

Lied des Mähers

Auf geschwind es ist Zeit
alles ist bereitet
wartet nur auf die Hand
die die Sense schwingt

ins Gesicht bläst der Wind
und beginnt zu stürmen
zwickt die Schulter dich schon
die zum Handeln zwingt

mittags stirbt der Süden

Pjotr Iljitsch Tschaikowsky „Vier Jahreszeiten"Juli
Originaltext: A. Kolzow

Sommerwind, du heißer Feger

Oh Kamille
Gelbkörbchen des Sonnengottes
Magdalenenkraut
die Salbe des Hausgemachten
glättet alles Raubeinige

Sommerschloss

Nun ringt das Schloss wie ein geworf'ner Kiesel,
der Kreise zieht, bevor er untergeht,
mit praller Glut, da im Zenit hochsteht
die Sonne, die feuert wie ein alter Diesel

auf's Fensterglas, durch welches dieses Lichtgeriesel
unablässig Hitze brennt. Es fleht
das Strahlwerk abzustellen, bevor vergeht
der Tag. Aber der Regen nicht mal Niesel

schickt, die heiße Mittagsluft zu kühlen
mit einem Wolkenheer, das Wind getrieben,
am Schattenpendel zieht mit Böenhieben,

Gewitterdonner, um Sturmsinn aufzuwühlen,
der endet dieses Sengen mit kalten Kräften,
das Leben wieder weckt mit feuchten Säften.

Kalenderblatt Juli

Mit der Blüte der Sommerlinde beginnt der Hochsommer. Die Johannisbeeren sind reif und Süßkirschen können geerntet werden. Im Hochsommer duften Madonnen- und Königslilien, die Silberkerze, Löwenmaul, Wandelröschen und Muskatellersalbei. Die Rosenblüte erreicht ihre Höchstform. Wenn der Winterraps und Winterweizen geerntet wird, endet der Hochsommer. Von 1981 bis 2010 dauerte der Hochsommer vom 22. Juni bis 04. August. Im Jahr 2016 dauerte er vom 20. Juni bis 1. August. Im Juli beginnen die Sommerferien. Viele verreisen und verbringen die Ferien im heißen Süden. Reisen kommt von dem althochdeutschen „reisa", abgeleitet von dem germanischen Verb: rîsan „sich erheben", „aufsteigen". Im 19. Jahrhundert sollten Reisen bilden, den Kunstverstand prägen und das eigene Leben erhöhen. Heimweh ist die Schwester des Fernwehs. Während Fernweh die Sehnsucht nach der Ferne und neuen Erfahrungen meint, ist Heimweh die Sehnsucht nach dem Vertrauten, dem Bekannten und der Geborgenheit. Über Jahrhunderte hinweg hatte das Heimweh sogar seinen festen Platz in der medizinisch-psychologischen Literatur. Es galt als morbus genuinus, als Krankheit an sich, die durch den Verlust der vertrauten Umgebung, durch die Beschaffenheit der Luft oder andere Umwelteinflüsse verursacht werde. Das Heimweh war ein Verhängnis wie andere Krankheiten, die den Menschen befallen können.

Die medizinische Bezeichnung, die übrigens bis heute gilt, lautet Nostalgia, ein Kunstwort, das sich aus dem griechischen nostos für Heimkehr und algos für Schmerz zusammensetzt und aus der Feder des Schweizer Arztes Johannes Hofer stammt. 1688 beschrieb er sie in seiner „Dissertatio medica de Nostalgiia oder Heimwehe". Hofer sah die Ursache der Heimwehkrankheit im Wechsel der Umgebung, der mit veränderter Lebensweise, anderer Luft und fremden Bräuchen verbunden sei. Vor allem jungen Leuten falle es oft schwer, sich an fremde Sitten zu gewöhnen oder der heimatlichen Milch zu entbehren. Bei den Heimwehkranken blieben die Lebensgeister in jenen Fasern des Gehirnmarks gebunden, in denen die Vaterlandsideen eingeprägt seien. Die Lebensgeister könnten so nicht mehr in andere Teile des Gehirns gelangen und deren Funktionen unterstützen. Die Nostalgia wurde auch Schweizer Krankheit genannt, weil man meinte, dass die Schweizer besonders von der Krankheit heimgesucht wurden. In Frankreich war es bis über die Mitte des 18. Jahrhunderts hinaus bei Todesstrafe verboten, den sogenannten "Kuhreihen", eine bekannte Hirtenmusik ("Chue-Reyen", "Renz des Vaches") zu singen oder zu pfeifen, weil die schweizerischen Soldaten durch das Hören desselben haufenweise in Heimweh verfielen, desertierten oder einfach starben. Erst 1925 stellt der Psychologe Karl Marbe fest, dass Heimweh keine Krankheit sei, sondern ein ganz normales Verhalten auch völlig gesunder Personen.

Bauernregeln
Im Juli warmer Sonnenschein, macht alle Früchte reif und fein.
Ein tüchtiges Juligewitter ist gut für Winzer und Schnitter
Schnappt im Juli das Weidevieh nach Luft, riecht es schon Gewitterluft.
So golden wie die Sonne im Juli strahlt, so golden sich der Weizen mahlt.
Im Juli muss vor Hitze braten, was im September soll geraten.

Zitate
„Es kommt mehr darauf an, wie du kommst, als wohin du reisest; deshalb sollten wir unser Herz nicht einem bestimmten Ort verschreiben." Seneca (1. Jh. n.Chr.)
„Alle Reisen haben eine heimliche Bestimmung, die der Reisende nicht ahnt." Martin Buber
„Man reist nicht nur um anzukommen, sondern vor allem, um unterwegs zu sein." Johann Wolfgang von Goethe
Eine Reise von tausend Meilen beginnt mit einem einzigen Schritt. *Lao-tse* (4. Jahrhundert v.Chr.)
Die gefährlichste aller Weltanschauungen ist die Weltanschauung der Leute, welche die Welt nicht angeschaut haben. *Alexander von Humboldt* (1769-1859)

Sommerblüte

Ein schlechter Sommer, der nicht mit Hitzepfeilen schießt,
sich hochhaucht an die blauen Fronten,
sich ungehemmt weitet im Unbesonnten,
dass mir der Kopf mit tausend Blüten überfließt.

Hin geflammt ins Herz des Ausgeruhten
verduftet Geraniol, Jasminum, Pomeranzen,
vor aller Augen Heißgerüche ausflocken, tanzen,
mit zartem Atem hetzen, dass die Sinne überfluten.

Noch zögernd schlürft der weiße Schaum der Wellen
von meinem Körper Salz und lässt ihn baden,
bis er versinkt im Nass bis zu den Waden
und fast ertrinkt, wenn die Gezeiten schwellen.

Oh wie die Schöpfung sich im Übermaß vollendet,
einen Sommer lang die Becken überfüllt,
die Muscheln voll mit Fruchtbarkeit umspült,
mit leichtem Herz das Ausgereifte an das Jenseits spendet.

Sommerhitze

Sonnentöchter, die ihr das Auge füllt mit trunk'nem Blick,
Heiligenscheine der arglos frühen, stillen Götterstunde,
dreht euren Erlenkreis als eine späte Mittagsrunde,
als sei die Überhitzung eines Sonnenwagens Trick.

Ach, legt die blauen Kissen an die Stirn des Windes,
dass er sie bläst und treibt ein wenig milder.
Der Himmel spiegelt sich wie ausgeblichne Bilder
auf den papiernen Blüten eines traumgeplagten Kindes.

Du alterst rascher in den grünen Blattverstecken,
die sich dem heißen Wangenkuss im Wenden sanft entzieh'n,
in deren Höhlen sich die Käfer torkelnd flieh'n.
Ach, könnt ich deine Wasserschalen zum Bewegen necken,

die Tropfentänze eines lauen Regens zu vollführen.
Wie gerne möcht ich deine feuchten Lippen,
wenn sie von meiner Haut die Hitze nippen,
als Wasserstrahlen auf meinem ganzen Körper spüren.

Morgenbad

Wie früh der Sonnenrost erste Kohlen zum Glühen bringt,
wenn er die Morgenschaufel aus dem kühlen Karren greift,
wenn er mit Feuerfunken seinen Wagen glutig seift,
dass sprüht und glitzert seine Bahn, bis das Gefährt anspringt.

Und peitscht den Mond zurück ins sternenmüde Schlafgemach,
heizt er uns ein in Folgen, ununterbrochen wie in Serien.
Stumm ist das laute Lärmen aus den Straßen, es sind Ferien.
Kinder spielen noch im Traumgelände ohne Krach.

Doch plätschert frisch vergnügt der Brunnen über die Kaskaden
hüpft eine Amsel auf den Rand köstlicher Schänke.
Sperlinge folgen ihr, bevölkern rasch die Ruhebänke,
bevor sie stürzen in den Wasserfall, bereit zum Baden.

Sie gurgeln flügelschlagend, spritzen, flöten und krakeelen.
Vorbei die Morgenstille, alles hallt hinauf im Zwitschern,
es zischt, wenn sie im schnellen Flug auf nasser Haut auftitschern.
Darüber kann selbst Phaeton die Verwund'rung nicht verhehlen.

Wahre Freundschaft

Ein Regenwurm im Sonnensturm
den Leib durch Grund und Boden zwang.
Ein Vogelmaul hackt in die Kaul,
ein Floh auf dessen Flügel sprang.

Das juckte sehr, kratzt hin und her,
der Spatz, spannte die Flügel weit.
Da kroch der Wurm zum Möhrenturm,
der Floh fiel aus dem Federkleid.

Er hüpfte auf den nächsten Vogel,
der flog grad hin zum Möhrenkogel,
wo sich der Wurm verköstigte.

Dass er ihn nicht belästigte,
verbiss der Floh, man glaubt es kaum,
den Vogel unterm Bürzelsaum.

Sonnenbad

Julikerze brennt in Sinnen,
langsam tropft das heiße Wachs.
Alles Leben drängt nach innen,
in der Erde wühlt ein Dachs.

Meine angebräunten Arme
rufen nach der Sonnenmilch.
Helios sich mir erbarme,
doch er ist ein falscher Knilch.

Seine Glut schleicht hinter Wölkchen,
vorgetäuscht das Sonnenend.
Aus dem weißen Federvölkchen
sticht er scharf, es brennt, es brennt!

Ach geliebtes Sonnenbaden,
länger nicht kann ich dich freien,
muss mit Wasser mich beladen,
mich ins nasse Becken seihen.

Und so flute ich die Kerze,
lösch den Brand, kühl mich mit Feuchte,
rote Flecken sie ausmerze.
Mich die Sonn' nicht wieder täuschte!

Sonnenbrand

Weil mich der Glast des Sonnenstandes überbrüht,
hüllt mich der Wind mit Sandhandschuhen ein.
Doch meine Freude ist verfrüht.
Durch jene Schutzschicht sticht der Schein.

So schmore ich als Sandmännchen
werd ohne Not zum Rotmännchen,
auf dem sich tummelt Mück und Wespe.
Ich zitt're bald wie eine Espe,
zerschlage den Insektentraum,
flüchte unter den Schattenbaum

und salbe meine Blöße,
vermindere die Größe
roter Flecken mit Bedacht.
Hätt ich das früher nur gemacht!

Ach Lichtgeschoss

dies hellste Hell keimt Hagelsprosse
bis dieser große Übermut
wird enden in der Sommerflut

ist auch dein Herz Präludium
im rosenreichen Fluidum
scheint's innigst rein und weißer weiß
so endet's doch wie schon gesagt
dass diese Welt von dir geplagt
sich unter Schirmen retten muss
denn aus der Straße wird ein Fluss
und untergeht die Frohnatur
da wünscht man Herbst sich rau und pur

Wetterlehrling

Sommerwind, du heißer Feger,
treibst mir Perlen auf die Stirn.
Bist der hellen Gluten Heger
unter himmelblauem Firn.

Alle Arten fliehen, eilen
vor dem feuertrunknen Kuss.
Komme Regen, sollst verweilen,
gieße aus mit raschem Guss.

Doch nicht teilen will der Besen,
ist ein treu ergeb'ner Diener.
Komme Meister, sei's gewesen,
dass er deines Zaubers wieder.

Walle, walle, Wolke falle,
dass zum Zwecke Wasser fließe
und mit reichem vollem Dralle
zu dem Regen sich ergieße!

Ach, da schwillt es an, Gewitter
blitzt und donnert durch die Wolken,
schwärzt den Himmel als ein Schnitter,
bis das ganze Nass gemolken.

Komm zurück nun, Besenzauber,
sei kein Stürmer mehr, der Wilde.
kehr den Himmel wieder sauber
und verteile deine Milde.

Wehe, wehe,
seht da blitzt und brennt es weiter,
Sturmwind reißt die Ziegel fort
Sommerwind, der du gewesen,
komm zurück an diesen Ort.

Doch nicht enden will das Wetter,

treibt es bunt ganz ohne Meister
dunkler werden alle Fronten,
Blitze schlagen immer dreister.

Höre, Sommerwind, mein Heißer,
will dich nicht mehr rügen, tadeln,
wenn als Feger du und Beißer
mich piekst mit den heißen Nadeln.

Wettergott, du großer Meister,
meinen Eigensinn verzeihe
wird der Schweiß wieder zum Kleister,
deine Schatten ich mir leihe.

Ach, der Sturm hört auf zu zausen,
seht die Blitze werden schwächer.
Wolken nicht mehr weiter brausen,
lassen ruhen alle Dächer.

Spürt,
die Hitze schürt uns wieder.
wallt die Glut mit heißen Flausen,
schreibt's in weißen Wölkchen nieder,
rasch vermehrt die blauen Pausen.

Und so trage ich die Hitze
vor mir her wie ein Pokal.
Sommer, wenn bist du gewesen,
wird der Himmel wieder fahl.

So dreist so feist

der Sommer grillt den Asphalt grau er rillt
die Füße hüpfen kann nicht mehr barfuß
gehen im Heißruß

sollt auch der liebe Mond noch brennen
muss nachts ich hin zum Wasser rennen
find keine Ruh im hellen Schmu

dann reis' ich nach Traumalien
fernab der Infernalien
und dir oh Sommer sei's gesagt
wer sich so aus den Wolken wagt
der find sein End
ganz turbulent
in stürmisch grauer Wetterwend

Mit Glanz und Gloria

Auf Wellenkämmen
reiten Möwen und Muscheln
Windböen peitschen

Mit Glanz und Gloria

Auf und davon aus dem Alltag des Sorgens
reisen die Müden und Erschöpften
mit aufgestapelten Urlaubsträumen
in das innigst geliebte Sommergelöbnis.

In extra für sie sonnendurchfluteten Zimmern
beten sie um Erlösung ihrer Leiden,
damit die Schrunden der Wunden
ihres ganz privaten Lebens wieder abheilen.

Ein Messdiener wartet am Tal der kleinen Wunder
auf die Springprozession der Pilgerschar.
Mit gleicher Liturgie, mit gleichesten Liedern
eröffnen am Abend die hohen Priester
die Messe des Glanzes mit Gloria
in den allerschönsten Farben.

Und sie dienen dem Ganzen
als Teil der Gemeinde, schlucken die heilige Hostie
harter Münzen in sakraler Einigkeit.
Sie opfern ihre Ersparnisse
auf dem Altar der Ferienverordnung
und singen zum Abschluss das Lied der hohen Töne,
die sie hinterher spucken.

Reise nach Aquitanien

In diesem Azorenhoch,
das der Blüte der Sonnenblumen
gelbe Konturen verlieh
und ihren Gesichtern den Kern erspross,
trauen sich Heidekraut und Lavendel
das Vereinzeln zu.

Zwischen Ölfeldern und Akazienhainen
markieren sie aufrecht
den sirrenden Asphalt der Autobahn,
wo auf entfernteren Arealen
weiße Rinder das Gras betrauern,
das sie im Austausch mit dem Sterben
auf Stoppelhöhe begrenzten,
nahe den ungemähten Wiesen,
die im Wildwuchs noch ersticken,
liegt das Leuchten
auf dem Spann des Frauenschuhs.

Während sich Rebstöcke
Täler aneignen und Hügel besetzen,
gibt die Loire historisches Gemäuer frei,
für das sich Durchreisende den Kopf verrenken.

Wenn die Dordogne
sich aus der Ferne schlingt und Städte wachsen,
nährt sich der Fensterausschnitt gegenständlich
mit Bildern aus Grau und Beton,
Bilder, die sich über die Garonne retten,
jene Bilder, die in Minuten Natur zersetzen
in einen Rückstau aus Vergangenheit.

Dort liegt Bordeaux mit seinem Hafen
und schwerem Geschütz der Häuser,
Bordeaux, das der Geschichte trotzte
und seinem Handel Zuflucht gewährt.

Erst später öffnet sich Aquitanien
zu einer Landschaft,
die natürlich wächst
und seine Gäste schützt,
uns, die wir einfallen
in den Frieden der Dörfer
und die Ruhe der Stunde.

Hitzebruch

Hitzebruch der Zypressen
Tauben krächzen

im Harz der Gehölze
knarzen Kieferkolben

den Dunstkreis der Wolken
zacken Lichtblitze

Sonnendonner wirft
grelle Glut

Sturz der Blaufront
Sturm gewirbelt

Sandkörner fliehen
Dünen ducken sich am Küstenrand

Atlantischer Sommer, spielerisch leicht

21.7.98

Auf der Sonnenspur
torkelt der Zeiger des Jahrs,
grün und blumig die Wiesen
und Röcke, Wanderstöcke
kommen gerändert daher,
gereist in einem Wald
aus Pinien und Kalkweiß.

Not lässt sich nicht blicken
bei diesem Strahlen der Bläue,
selbst Gemurmel der Wolken
hemmt das Lachen nicht.
Nein, in diesem Ort der Sorglosigkeit
sinnt nicht der Regen auf Rache.

Er spült das Soeben
in die Vergangenheit,
leichtfüßig und gedankenlos
wie dieser Sommer,
der seine Hitze gebührenfrei verschenkt.

Gegenwärtig ist er nicht von Bedeutung,
allein reinigen soll er die Luft
von der Schwüle der Sonnenmilch,
deren Duft nach Kokos und Palmöl
Fliegen zum Schlingern verhilft.

Wie einer Schale die Walnuss,
wie einem Windhauch die Frische,
entnimmt er dem Zeitbild Licht,
ein Spiel der gelösten Worte,
das über dem Summen der Circe
seine Lider schloss und einschlief,
in dem Menschen, die sich lieben,
ihre Liebe wiederentdecken
wie in einem Film mit Bogart,

der tiefblickende Held auf der Abschiebebank.

Frauen, die dort lieben,
tragen ungewöhnliche Namen.
Sie heißen nicht Maria.

Sie tummeln sich auf anderen Sonnenbänken,
jenseits der Rechnung von Raum und Zeit,
schwebend zwischen Himmeln im Feuerrot,
das den Abend versengt und noch brennt,
wenn das Blau sich dem Schwarz ergibt.

Tourismus

Unter dem Muscheldach fliegt der Sand nicht so.
Wenn der Wind bläst, dröhnen die Ohren
und die Plastikwände flackern.
Das Badetuch legt sich die Zeit zurecht.

Um zwei Uhr nachmittags treibt die Sonne
das Licht in die Augen und brennt auf der Haut.
Die Gäste tragen ihre Bräune voran wie ein Denkmal.
Der ratternde Kutter verkehrt die Zeit,
er arbeitet wie die Fischer.

In dieser Gegend liebt der Tourist den Tourismus,
nicht die Menschen oder die Natur.
Sie ist wie sie ist und bleibt wie sie ist,
gnädig und gnadenlos, schön und unschön,
laut und leise, wie die Fischer im Meer.

Die Langsamkeit

Der üppige Reichtum des Strandes
verleitet zu Leichtsinn.
Ein nicht enden wollender Tag
streckt das Leben und das Sommerloch.
Ich lese zu lange, die Stundenuhr
zweifelt am Ernst der Zeiger.

Ballclaqueure und Wellenreiter
sind die einzige Bewegung.
Kinderstimmen versetzen die Luft
in einen Tonteppich, auf den Silben
krächzen Sekunden minutenlang.

Erst der Abend bricht mit dem Wellenkamm,
der jetzt weiß schäumt und den Sand spült.
Es bleiben die Vergessenen, die den
Sonnenuntergang nicht verpassen wollen.
Die Dunkelheit verbittet sich den Zeigefinger.

Ebbe

Das Meer zieht sich zurück in der Ferne
blinken Schaumkronen aufgebrachter Wogen
Bojen für Seemöwen deren weiße Silhouetten
sich im Wasser spiegeln

die Wellen rauschen Gischt ans Ufer
hinterlassen Muschelkämme und Sandbänke
zwischen den Rippeln läuft Strömung aus
sie sammelt sich im Sog kleiner Strudel
Kieselsteine verschwimmen sich im Rückfluss

während ein Habicht am Himmel kreist
tippelt ein Strandläufer hält kurz an
um im Schnelldurchgang übers Watt zu rennen
Strandfischer versetzen ihre Angelruten
an die Flutgrenze

Sonnenanbeter breiten Badetücher aus
Strahlungsfläche weißer Haut
wenn du den Kopf gegen die Windrichtung drehst
dröhnt aufbrausender Wind in den Ohren
Eingecremte werden zu Sandmännchen

Badespass

Elefanten sind Trabanten
ziehn durchs wüste Ödeland
suchen an geheimen Stellen
nach gefüllten Wasserquellen

wo die kleinen Elefanten
tollen mit den jüngsten Tanten
Onkels, Opas und die Väter
duschen sich dann später

Ein Krokodil im Nil hat Stil

trägt feines Leder stets subtil
will man es ihm entringen
muss man ins Wasser springen

dem Krokodil hat dies gestunken
weshalb schon viele dort ertrunken

Fintenfische

Tintenfische legen Finten
beim Verspritzen ihrer Tinten
der sie höchstgeschwind entsprinten
will ein Fisch den Tintenfisch
in seinen Schlund versinken

Wie das Nilpferd zu seinem Namen kam

Den Nil zertrampelte ein Pferd
das Wasser war ihm nichts mehr wert
es hatte seine Frau verschlungen
als sie ein Liebeslied gesungen

dem schwarzen Fluss sollte sie weichen
er floss gern in den Nil den bleichen
dort lauerten die Krokodile
die Polizisten aller Nile

die fanden den Gesang zu schwer
schwammen der Dame hinterher
am Katarakt des Altbara
am Fels das Unglück dann geschah

die Primadonna wollt nicht weichen
dem schwarzen Nil nicht nicht dem bleichen
da schlug das Wasser hohe Wellen
und riss sie fort mit Stromesschnellen

die Krokodile standen still
das Flusspferd tobte laut und schrill
trauerte um die Frau so sehr
strampelte wild im Nil umher
hampelt im Wasser wie gebannt
dass man es Nilpferd hat genannt

Scholle und Flunder

Die Scholle sprach zur Flunder
„Dein Kleid ist doch nur Plunder.
wie eine Fleckendecke
du bist ne Meeresjecke."

Da sprach die Flunder: „Scholle,
sag, bist nicht ganz dolle
das Meer ist keine Modenschau
egal ob Mann oder ob Frau."

Da sprach die Scholle: „Flunder,
es wäre auch ein Wunder,
wenn du wärst wie das Meer so blau,
du bist nur platt und mittelgrau."

Die Flunder sprach: „Du, Scholle,
bist auch nicht grad aus Wolle,
dein Steingrau gleicht dem Meeressand
getarnt wirst du nicht mehr erkannt."

„Oh Flunder", sprach der Plattfisch,
du bist ja nur ein Nachtisch.
Wer mich erkennt, kriegt Appetit,
mich zu verwandeln hält mich fit."

„Du hast doch Stachelflossen,
zählst nicht zu den Kolossen,
als Speisefisch wie du und ich,
landen wir beide auf dem Tisch."

Da zappelte ein Wattwurm,
es kam zu einem Ansturm,
am Boden kräuselte das Meer,
Scholle und Flunder hinterher.
In diesen Turbulenzen
hielt sich der Fang in Grenzen.
Der Wurm entpuppte sich als schnöder

weitgeworfener Angler-Köder.
Da sprach die Scholle: „Flunder,
das Pech ist ein Glückswunder.
vergraben wir uns in den Sand
und bleiben unerkannt."

Quallengang

Quallen lallen im Sand
wo sie ein Urlauber fand
herausgespült aus dem Meer
wabert ihr Gel giftig sehr
um doch noch 'nen Fuß zu fangen
sie auf den Urlauber sprangen
der fuchtelte wild umher
sprang aufgeregt in das Meer
wo sich die Qualle entband
und hurtig im Wasser verschwand

Buddelfische

Ein Steinbutt ist kein Heilbutt,
ein Kabeljau nicht Preußisch Blau,
ein Grenadier kein Musketier,
die Lachse keine Dachse.

Doch sind sie Knochenfische,
buddeln vor Rochenschliche
sich in den Meeresuntergrund,
wird ihnen dies zu bunt.

Sommerdrachen

Im Sand der Meeresbucht der Kampf den Sinn verlor,
der dich verzehrt, ergreift, so lange du ihn führst.
Wo milder Abendwind das Menschliche beschwor,
entkleidet sich der Schmerz, das Sehnen du erspürst.

Ein Sonnentropfen schweißt mit Hitze und mit Glanz
das Wundmal zu. Es heilt die leere Existenz.
Die Schatten werden leicht und groß die Toleranz.
Es atmet Körperduft in voller Provenienz

für Tage. Doch schon bald die Säfte ausgeleert,
die Wesenshülle schläft, die Blicke abgekehrt.
Der Abschied naht heran, die Lust wird stumm und schweigt
und Wehmut wiegt das Land. Ein Sommerdrachen steigt.

Finale Orientierung

Ins späte Mittagsblau der Sand sich heiß verstreut.
Aus Höhen Möwenschrei den Sturz hinab gebahnt.
Geheul der Brandung schwillt und Sterben nicht bereut.
Ein Fischzug spiegelt Meer, als Beute schon erahnt.

Die träumen, sonnen sich, von Schwere weit entrückt;
sie hoffen, dass die Nacht sie nicht vergällt, vergreist.
Des Alltags Gleichschrittzwang den Weg verflacht und bückt.
Die Lust nicht aufbegehrt, von Sehnsucht stumm, verwaist.

Der Meerwind bläst, sich hebt, das Ufer er beweint.
Das Licht erotisch fällt und manche Stimme weckt.
Im Schwarz des Horizonts sich's himmelwärts vereint:
ein Puls die Wunde brennt, vom Bluten aufgeschreckt.

Finales schmerzt, vernarbt, ertrinkt in dunkler Welt.
Kein Zauber bricht den Stab des Schicksals. In der Zeit
die Seele lahmt, erstirbt. Vergessen sich gesellt
ins Totgesagte, wähnt von Zukunft sich befreit.

Im Norden

Grünland rollt Welle um Welle
an die Ostsee umspült Jahrtausend alte Nehrungen
Kraniche hacken sich auf Rastplätzen fest

durch Mooswiesen und Heidefelder
krümmen sich Pappelalleen
verlieren sich hin und wieder
in kleineren umwachsenen Wegen von

hüfthohen
    mohnroten
        kornblumenblau
           durchsetzten
                Gräserwehen

hochkantig aufgerichtete wettergepeitschte Feldsteine
überschuppt von gelben Moosflechten
rufen nach Odin
um ihn aus alten Buchen hervorzulocken

austreibende Blätter filtern das Licht
in dem sich schemenhaft sein Geist verbirgt
er überlässt sein Geheimnis
plötzlich aufwirbelndem Wind

Sonnenuntergang am Meer

Sonne brennt orangerot im Sand
klettert dunkler werdend
auf das Dünendach und zinnobert

am überhängenden Rand
strecken Halmhorste sich
borstig gegen den Himmel
als riefen sie: uns hat die Nacht erobert

unterhalb des Hügels
mäandern Graspfädchen
in dämmernden Schatten

entfernt treiben Schiffe
auf die untergehende Sonne zu
die abgetakelten Fregatten
machen die Schotten dicht

bevor sich die tiefblaue Dunkelheit
mit dem Meerwasser
zu einem einzigen

unendlich weit
schwingenden
Wellengang

vermischt

Kalenderblatt August

Der Monat August hieß ursprünglich Sextilis und war der sechste Monat im Kalender. Mit der Kalenderreform 153 v. Chr. wurde der Jahresbeginn vom März auf den Januar verlegt und aus dem sechsten Monat der achte Monat im Kalender. Unter dem römischen Kaiser Augustus, Nachfolger von Julius Caesar mit dem Geburtsnamen Gaius Octavius, wurde er ihm zu Ehren in August umbenannt. Seine alten deutschen Namen lauten Ernting, Ährenmonat oder Sichelmonat.

In der ersten Augusthälfte kann man unter freiem Himmel den Sternenstaub bewundern, den ein Komet im Sternbild Perseus hinterlassen hat. Die Erde kreuzt um den 12. August den Meteoritenstrom der Perseiden auf ihrer Umlaufbahn. Wenn die Staubteilchen mit großer Geschwindigkeit auf die Erdatmosphäre treffen, verglühen sie und bringen die Luftmoleküle zum Leuchten. 2015 konnte das Maximum der Sternschnuppen am 13. August beobachten werden. Nicht zu vergessen: Sternschnuppen sind wie Wunschzettel, wenn man die Augen schließt, soll das Erhoffte wahr werden. Seit dem späten Mittelalter wird dieser Meteoritenstrom auch als Laurentiustränen bezeichnet. Der Heilige Laurentius hat am 10. August Namenstag.

Die Hundstage dauern vom 23. Juli bis zum 23. August. Sie gehen auf den Aufgang des Fixsterns Sirius im Sternbild „Großer Hund" zurück. Im 3. Jahrtausend vor Christi war die Sichtung des Sirius am Morgenhimmel ein Zeichen für den Beginn der Nilschwemme. Durch die Präzession der Erdachse ist der Sirius in Deutschland erst am 25. 09. im Sternbild zu sehen. Heute bedeuten die Hundstage, dass große Sommerhitze zu erwarten ist.

Im August kann es nochmals richtig heiß werden. Vorsicht vor Sonnenbrand ist geboten. Hautrötungen, Hitzegefühl, Juckreiz, Schmerzen, gelegentlich Blasenbildung und Ödeme, Binde- und Hornhautentzündung des Auges sind möglich bis hin zu Fieber, Schwäche und Kopfschmerzen. Besonders Menschen mit winterblassem Hauttyp I oder II sind davon betroffen. Sonnenschutzmittel helfen, deckende

Kleidung und das Vermeiden der Mittagshitze. Empfohlen wird, ein Sonnenbad ohne Schutz nicht länger als maximal 20 Minuten zu nehmen. Weitere Folgen der Erhitzung des Körpers können Sonnenstich, Hitzekrampf, Hitzekollaps, Hitzeerschöpfung oder ein Hitzschlag sein.

Wird der Frühapfel gepflückt, beginnt der Spätsommer. Er bringt noch einmal die Blumen zum Blühen, ganze Heidefelder und Sonnenblumenländer bringen Farbe ins Land und locken die Bienenvölker an. Im August wird Obst und Gemüse eingekocht. Der zweite Heuschnitt und die Getreideernte des Winterroggen, Winterweizens und des Sommergetreides lassen Stoppelfelder zurück. Am Ende des Spätsommers wird der Hafer eingebracht. Die Eberesche trägt Vogelbeeren. Wenn die Holunderbeeren reif sind, endet der Spätsommer und der Frühherbst beginnt. Von 1981 bis 2010 dauerte der Spätsommer vom 05. August bis zum 27. August. Im Jahr 2016 dauerte er vom 02. August bis zum 22. August. Der Sommer geht seinem Ende zu. Die Tage werden kürzer, gegen Ende des Monats geht die Sonne merklich früher unter.

Bauernregeln
Sankt Lorenz kommt in finstrer Nacht ganz sicher mit Sternschnuppenpracht.
Waren die Hundstage heiß, bleibt der Winter lange weiß.
Schönes Wetter um Mariä Himmelfahrt verkündet Wein von bester Art.
Weht im August der Wind aus Nord, ziehen die Störche noch lange nicht fort.

Zitate
"Nur Aufgebautes kann man niederreißen. Vor dem Empfang muss das Geben stehen." Lao-Tse
Eine Reise von tausend Meilen beginnt mit einem einzigen Schritt. *Lao-tse* (
"Wo die Natur nicht will, ist die Arbeit umsonst." Seneca
„Die eigentlichen Entdeckungsreisen bestehen nicht im Kennenlernen neuer Landstriche, sondern darin, etwas mit anderen Augen zu sehen." *Marcel Proust*
„Umwege erweitern die Ortskenntnis." *Kurt Tucholsky*

En vacance

1
Im August
mitten im August
wenn die Sonne
am heißestenbrennt
pack ich meine Sachen
und fahre fort ein paar Tage
in ein anderes Land

träume davon
allem Geschwätz
aus dem Weg zu gehen
aber da hab ich
falsch gedacht

wohin ich auch komme
überall hört man sie
die Deutschen
Preußen, Schwaben, Bayern
und manchmal auch die Sachsen

und trotzdem
ich fahre jedes Jahr
immer wieder dorthin
in mein frònsesich Frònkreich
wo Pinienduft
de Luft klärt
und Wellen
sich mannshoch
in der Brandung brechen

2
Die Muscheln
haben sich
noch nicht verändert
nach der Flut
stranden sie im Sand

die großen sind seltener geworden
und ein Wal
ist dieses Jahr
nicht verendet

die blauen Fahnen
stecken wie immer
die Strandwachen ab
rot haben ise bis jetzt
nicht geflaggt

es ist nur bedingt gefährlich
meistens
wenn morgens
Jagdfliger den Horizont
zudröhnen
und die Brandung
droht mit

3
Für alles zehn Franc
un boule fraise
Coca moyen
cent grammes moules pètits
zwei Baquettes
ein Spiel Streetfighter
nur die pommes frites
die kosten quatorce

4
Der Pool ist herrlich
und leer
mittags
wenn jeder
sein eigenes Süppchen kocht
und jeder Laut
in der Sonne verhallt

,

5
Farn
Ginster
Himbeerranken
Gewächse wie üerall
wären da nicht
Sanddünen
die weiß
durch Pinien schimmen
und mir meine Augen tränen
geblender von so viel Licht
im Schatten

Sommerabschied

Ratschen und Pfeifen
in der Vogelkolonie
ein Kuckuck fliegt ab

Augusthimmel

Natur ist der Meister der Landschaft,
geordnet nach Ecken und Kanten,
Flächen und Längen,
Lebensräumen,
Schonungen,
Jahreszeiten.

Noch heute verirrt sich
wer Wälder durchwandert
auf Wiesen Eisenhut findet
oder Küchenschellen

Ich suche sieben Kräuter
hoffe, sie wachsen immer noch
und sind noch nicht abgegrast
von findigen Investoren

Da eine Krähe, ein Habicht
oder war es ein Falke
der Schnabel ist der Beute gebogen
auch Sammler sind Jäger

Wolken ziehen sich zusammen
werfen den Grauschleier
über erhabene und aufragende Köpfe

Der Blick nach oben verrät es:
Himmelfahrt ist nichts für Schwindlige

Maria Himmelfahrt

Am 15. August begeht die Katholische Kirche das Hochfest Maria Assunta – Marias Aufnahme in den Himmel. Es ist das Hauptfest unter den Marientagen. Nicephor schreibt in seiner „Kirchengeschichte" (15,14): „...ihr heiliger Leib aber sei in Gethsemane unter dem Gesange der Engel und Apostel begraben worden; als aber am dritten Tage das Grab wieder geöffnet worden, habe sich ihr heiliger Leib nicht mehr vorgefunden, sondern nur die Leichentücher, welche einen unbeschreiblichen Wohlgeruch verbreitet hätten." Der Brauch der Kräuterweihe zu Maria Himmelfahrt geht darauf zurück. Der Strauß aus sieben verschiedenen Kräutern symbolisiert die sieben Sakramente und die sieben Schmerzens Mariens. Er wird zum Schutz gegen Krankheiten, Unheil, Gewitter und Blitzschlag unter dem Dachboden aufgehängt. Es gibt aber auch Sträuße aus 9,12,15 oder 19 Kräutern. Ein 9er Busch besteht aus Johanniskraut, Schafgarbe, Baldrian, Arnika, Königskerze, Kamille, Wermut, Pfefferminze und Tausendgüldenkraut.

1950 verkündete Papst Pius XII. das Dogma „von der ganz menschlichen Aufnahme Mariens in den Himmel", 1964 wird sie von Papst Paul IV. zur „Mutter der Kirche" erklärt. Papst Johannis Paul II. erklärte sie zur „Mutter unserer Kirche". In der orthodoxen Kirche wird das Fest bis heute als Tag der Entschlafung und Maria als die Panagia, die Allerheiligste, bezeichnet, da Maria als erster Mensch die Vergöttlichung erfahren habe und Christus ihre Seele sofort ins Paradies holte. Mit dem 14. August beginnt eine Zeit der großen Marienverehrungen mit Prozessionen, die sog. „Frauendreißiger" Tage, die mit Mariä Namen am 12. September enden. Im Saarland und teilweise in Bayern ist Maria Himmelfahrt ein gesetzlicher Feiertag, ebenso in Österreich, Frankreich, Italien, Luxemburg und weiteren Ländern mit überwiegend katholischer Bevölkerung.

Bauernregeln
Leuchten vor Maria Himmelfahrt die Sterne, dann hält sich das Wetter gerne.
Wer Rüben will, recht gut und zart, sät sie an Maria Himmelfahrt.

Zitat

„Maria ist die Mutter der Kirche, weil sie kraft unaussprechlicher Erwählung durch den ewigen Vater selbst und durch das besondere Wirken des Geistes der Liebe das menschliche Leben dem Sohn Gottes gegeben hat, "für den und durch den das All ist" und von dem das ganze Volk Gottes die Gnade und Würde seiner Erwählung empfängt." Papst Johannes Paulus II. am 04.03.1979 Apostolischer Segen in Rom

Kräuterweihe

Steh auf
es ist Zeit
sieh an
das Himmelslicht

richte dich
sammle sieben Kräuter
für sieben Sakramente
sieben Schmerzen

all deine Jahreszeiten
in Mariens Strauß gebunden
der uns gefunden
zum Zeichen

Marias Heimkehr

Maria
dein Sohn hat dich gerufen
breite aus
den Mantel deines Glaubens
dass dein Geheimnis
unsere Seelen findet
denn wahr ist
was du gelebt
die nie etwas besessen hat
gebar den Reichtum
der Welt

Wenn die Krähe ächzt hör ich
den Kampfschrei zwischen Nestern

du siehst sie nicht zwischen den Mauern
der Häuslichkeit

Ich sehe nach oben finde nur dichtes Geäst
Knorren Knorpel Krümmungen

Ach ich gehe die Zäune aus Lebensbäumen ab
sehe die Durchblicke die der Wind freilegte
Astbruch der Stürme das Reisig

räumten die Vögel fort bauten Nistplätze
unterm Dachfirst ein Kopfschwung

Meine Haut nimmt Nebel auf tropft wie der Tau
von Stufe zu Stufe besteige ich den Treppenaufgang
gleich dem Abgang der Zeit und breche

würzige Kräuter Gräser Farn
fächere ich auf bau ich dir eine Laubhütte
auf dem Moosteppich

Die Sonne reift am Horizont
zur Orange in der Schale
eines Windhauchs

Wenn auch Licht dich umglänzt
die Nacht wächst den Dünen gleich
Schicht für Schicht
bis der Morgen verlandet

Die Ernte

Hat begonnen nun die Ernte
das Getreide ist überreif

Roggenfeld hohes Gras
wird gekappt mit dem Halm

trennt die Spreu sauber vom Weizen
jedes Korn wird nun eingebracht

dicht gehäuft Garben stehn
wenn die Winde sich drehn

tönt Musik aus allen Wagen
tanzen Menschen die ganze Nacht

Pjotr Iljitsch Tschaikowsky „Vier Jahreszeiten". August
Originaltext: A. Kolzow

Blaue Stunde

tiefen Gelbs Verblühen
grüne Kornhalme stehen
im Rot der blauen Stunde

die Sommerwunde
brennt noch im Vergehen
auf den Avenuen

Umsonst

Die Kanalratte Tilo
verirrte sich im Futtersilo.
Sie fraß sich Wege durchs Getreide,
füllte ihre Eingeweide,
bis sie aufging wie ein Mops.

Den Ausgang fand die Tiloratte,
als sie sich durchgebissen hatte.
Voll Freude sie sich überschlug,
sich zum Kanaleingang hintrug,
wollt schleichen sich durchs Abflussrohr,
durchschreiten jenes Freiheitstor.

Doch hops, er blieb als Klops drin stecken.
Es half nicht ziehen, drücken, recken.
Am Ende er die Kraft verlor.
Er kam nicht mehr durchs Ausgangstor.

Wen Fressgier treibt wird zum Verhängnis
das Futterhaus als ein Gefängnis.

Sommerabschied

Seewind lüftet heran, umspielt meine Haut.
Am Dünensaum vergessen schwelgt weißes Licht.
Die Zärtlichkeit des Sommers verabschiedet sich.

Während das Blaue ergraut durchstreift die Süße
noch einmal das Gelände des Gelbs.

Im Augenblick des Untergangs
begegnen wir der Verhältnismäßigkeit.

Im Irrlicht

Abendsonne setzt den Goldstift
unter die Tagestönung
Signatur der blauen Stunde

Kirschlorbeer und Schmetterlingsflieder
flüstern mit der Gartenzeile
Stühle paaren sich unterm Nussbaum

Fassadenrot zersplittert im Wasserspiegel
Goldfische springen im Pulk aus dem Teich
formieren sich vor dem Einschlag der Fischreiher

Vögel verfliegen sich
manchmal verfehlen sich Menschen auch

Sonnenuntergang

Grünes Sträuben der Weiden
sonnenbefeuert

krumme kantige Stämme prangen
in der hellen Leuchtkraft

aufrechtes Ragen roter Äste
Wiese im Sonnenrausch

erregende Farbkomposition
im Brennpunkt des Untergangs

Aufpreis

Immer noch Nebel
Augusthitze wird so beendet
Kälteschwere auf Lidern

Erst der Nachmittag wärmt
Körper und Bänke unter den Arkaden
Tauben gurren kein Liebeslied

Das Alte sucht vergeblich
Eine Aura Vergangenheit
Es ist alles teurer geworden.

Spätsommer

Bald schon werden die Nächte lang
neigt sich Sommerlicht Blütenduft
endet lautlos gereifte Frucht
wendet Schwere das Leichte

Was uns fest und verlässlich schien
schwindet unbemerkt hin sogleich
löst sich auf ohne Spur vergeht
flößt das Sterben ins Leben

Werden wandelt das Alte neu
nichts erneut sich was unerfüllt
Tod herrscht wo keiner Samen streut
rodet Zeit alle Tage

Frankfurter Opernplatz am 27. August 1997

Multivisuelle Optik zwischen futuristischen Skylines
und kultureller Erblast am Frankfurter Opernplatz.
Ich sitze auf der Betoneinfassung eines Kandelabers,
suche nach Differenzierung und Identifikation.

Die späte Augustsonne schwitzt von den Höhen,
brennt mir ins Gesicht, bremst die Weitsicht
mit ungeahnt sengendem Hitzegrad.

Die Uhr der Züricher Versicherungsgesellschaft
zeigt im Brennpunkt der Gegenwelten
die städtische Zeit an, prägt den Odem der Patrizierhäuser,
bis die Börsenmetropole ins Stocken gerät.
Ihr Emporragen klagt unaufhaltsam
den historischen Wendepunkt ein.

Die Taunusanlage gegenüber
belebt der Abenteuerspielplatz Riederwald,
wo Kinder sich ungehemmt
die Großstadt von der Seele quietschen.

Die Wasserkaskaden des Brunnens berauschen,
durchdringen unbeeindruckt die Lärmschwelle.
Sie versuchen vergeblich, der aufgeheizten Atmosphäre
feuchte Kühle einzuhauchen, die zerfällt.
Der multikulturelle Menschenzug vermählt sich.

Sommerauswärts

Aufrecht trägt der Lorbeer Früchte
errötet an der reichen Reife des August
blass verbrannt neigt sich zu Boden
Dünengras über den Hügeln Sandverlust

Salzwind fegt den Meeresatem
weit über die Wogen an des Ufers Muschelbrust
sommerauswärts reibt die Sonne
sich die Augen blendet mit letztem heißen Blust

Wellen sprechen mit feuchter Stimme
Möwen entsagen verlockender Jagdlust
Läufer trainieren am Strand die Muskeln
auslaufende Gischt ihre Spur just verwischt

Sterbender Sommer

Am Morgen plärren Tauben
aufziehende Wolken dunkelgraublau
treibt der Wind vom Meer herüber

aus der Höhe einer Pinienkrone schrillt
das Pfeifen der Finke
die Wetterfront wölbt sich kühl
über Dächer und Bäume

mitten im August stößt
die Herbstkehle erste Schreie aus
mir flößt die kämpfende Sonne
noch Wärme ein
eines sterbenden Sommers

Verblichene blaue Hortensie
in meiner Hand glüht Blütenasche
Wind zerstäubt sie vor meinen Augen
Astern strahlen ins Kleid Sterne
in Margeritenkörbchen schlafen Käfer

die Schwellen der Steinstühle
werfen Schatten vor die Zeder
leicht wird das Lila im Grün

ach Nachmittag schaukelst die letzte Sonne
vor dem Schlaf legst mir
die blaue Perlenkette vor die Füße

ich laufe übers Moos
über altes Gras
das die stillen Gräber kühlt

ich muss meine blutenden Sohlen trocknen
im vierblättrigem Klee
ich liebe das Vergangene
und die wachsenden festen Zapfen
jeden Morgens
von Anbeginn zu Anbeginn

(am Pfarrer-Rug-Park, Püttlingen)

Das krosse Laub
entgrünt und taub
klappert am Gesprosse

der Sonne Stich
hat dich und mich
geröstet im Gesponne

ich glaub du hast genug gestrahlt
wir sind schon alle knusprig
hast dich im Sonnenöl geaalt
verbrannt ist nicht mehr lustig

und steht die Sonne himmelan
durchwandert den Äquator
hat Tag und Nacht den gleichen Spann
wird Herbst zum Imperator

die Zeit kehrt sich nun wieder um
die Wärme wird uns fremder
ist kälter dir frag nicht warum
wir haben jetzt September

Inhalt

Quellenverzeichnis Sachtexte

Aktuelle Karten der Phänologie
http://www.dwd.de/bvbw/appmanager/bvbw/dwdwwwDesktop?_nfp
b=true&_windowLabel=portletMasterPortlet_i1&_urlType=action&_pa
geLabel=dwdwww_result_page aufgerufen am 22.02.2014 und am
17.04.2017.

Pfingsten, Pfingstrosen, Pfingstzitate
http://www.katholisch.de/de/katholisch/themen/kinder_1/der_mona
t_mai/pfingsten_1/pfingstrosen.php aufgerufen am 23.02.2015
http://www.tollwasblumenmachen.de/die-bedeutungsvolle-
pfingstrose aufgerufen am 23.02.2015
http://www.livenet.de/themen/leben/feiertage/111196-
zitate_zu_pfingsten.html aufgerufen am 23.02.2015

Bauernregeln zu Pfingsten
http://www.pfingstseiten.de/brauchtum/apostelgeschichte/home.htm
l aufgerufen am 23.02.2015

Schafskälte http://de.wikipedia.org/wiki/Schafsk%C3%A4lte
aufgerufen am 23.02.2015

Johannistag
http://de.wikipedia.org/wiki/Johannistag
http://www.zauber-pflanzen.de/johannis.htm
http://www.welt-der-rosen.de/duftrosen/rosen_jo.htm#johannisfeuer
http://www.garten-literatur.de/Kalender/bau6.htm
aufgerufen am 23.02.2015

Fronleichnam http://www.festjahr.de/festtage/fronleichnam.html
aufgerufen am 23.02.2015
http://www.garteln.com/fronleichnam/ aufgerufen am 11.04.-2017

Sonnenbrand, Sonnenstich
http://de.wikipedia.org/wiki/Sonnenbrand
http://de.wikipedia.org/wiki/Hitzeschaden aufgerufen am
01.03.2015
Maria Himmelfahrt
http://www.zauber-pflanzen.de/kraeuterweihe.htm aufgerufen am
29.03.2015
Joachim Schäfer: Artikel Maria - Hochfest Assunta, Mariä Himmelfahrt,
aus dem Ökumenischen Heiligenlexikon -
https://www.heiligenlexikon.de/BiographienM/Maria_Assunta.html
aufgerufen am 29.03.2015

http://www.gott-und-gottesmutter.de/die-gnade-der-aufnahme-mariens.html aufgerufen am 14.04.2017
Lexikon der Bibelzitate. Ernst Lautenbach. Iudicium Verlag GmbH München 2006. S. 677.

Rosen
http://www.welt-der-rosen.de
http://de.wikipedia.org/wiki/Rosen
aufgerufen am 29.04.2015

Die Gedichte sind folgenden Schiften und Büchern entnommen:

Novembrisches Bittersüß. Gedichte. 1986.

Lichtflut. Reisenotizen. Lyrik und Prosa. Edition Calamus. Norderstedt 2001. ISBN 3-8311-1493-5. 2. erw. Auflage 2014. ISBN 987-3831114931.

Eine Neigung aus Blau. Gegenwartslyrik. Norderstedt 2002. ISBN 3.8311-3334-4. 2. Auflage Verlag BoD Books on Demand. Norderstedt 2014. ISBN 9783831133345.

Bist Himmel mir und tausend Feuerfunken. Gedichte. Mauer Verlag. Rottenburg 2003. ISBN 3-937008-46-2.

Verwirbelungen der Zeit. Gedichte Vera Hewener mit Bildern von Carolin Isele Éditions Paris E.U.R.L. WiKu-Verlag Berlin/Paris ISBN 3-86553-203-9.

Es kommen andere Ewigkeiten. Gedichte. WiKu Édition Paris 2007. ISBN 2-84976-018-8 und WiKu Verlag ISBN 978-3-86553-189-6.

Himmelsstürme. Gedichte mit Fotografien. edition Wort Verlag Bitburg 2010. ISBN 978-3-936554-40-3

Das Jahr: Dichtung in vier Sätzen. Gedichte mit Fotografien. BoD Books on Demand Norderstedt 2013. ISBN 978-3-7322-3168-3.

Die Blüte des Sommers. Sommeranthologie. Die schönsten Gedichte, Geschichten und Kalendernotizen. Verlag BoD Books on Demand. Norderstedt 2015. ISBN 978-3-7347-89540.

Aus meinem Federkiel. Magische Momente. Natur & Seele. Gedichte. Verlag BoD Books on Demand. Norderstedt 2017. ISBN 9783744870511

Bücher von Vera Hewener

Vermisstenanzeige. Gewidmet den ermordeten Juden des Naziregimes. Lyrik und Prosa. Libri BoD. Norderstedt 2000. ISBN 3-8311-0748-3. 2. erw. Auflage 2014. ISBN 978-3831107483.

Lichtflut. Reisenotizen. Lyrik und Prosa. Edition Calamus. Norderstedt 2001. ISBN 3-8311-1493-5. 2. erw. Auflage 2014. ISBN 987-3831114931.

Eine Neigung aus Blau. Gegenwartslyrik. Norderstedt 2002. ISBN 3.8311-3334-4. 2. Auflage 2014. ISBN 9783831133345

Bist Himmel mir und tausend Feuerfunken. Gedichte. Mauer Verlag. Rottenburg a/N. 2003. ISBN 3-937008-46-2.

Verwirbelungen der Zeit. Lyrik ≈mit Bildern von Carolin Isele. WiKu Éditions Paris E.U.R.L. Paris und WiKu Verlag KG Berlin 2005. ISBN 3-86553-203-9.

Es kommen andere Ewigkeiten. Gedichte. WiKu Édition Paris ISBN 2-84976-0188 WiKu Verlag 2007. ISBN 978-3-86553-189-6.

Himmelsstürme. Gedichte mit Fotografien. edition Wort Verlag Bitburg 2010. ISBN 978-3-936554-00-3.

Das Jahr: Dichtung in vier Sätzen. Gedichte mit Fotografien. BoD Books on Demand Norderstedt 2013. ISBN 978-3-7322-3168-3.

Zaubervolle Winterwelt. Gedichte, Geschichten, Notizen. Verlag BoD Books on Demand. Norderstedt 2014. ISBN 9783735761262.

Frühlingsserenade. Die schönsten Gedichte, Geschichten und Notizen zur Frühlingszeit. Verlag BoD Books on Demand. Norderstedt 2015. ISBN 978-37347-3140-2.

Die Blüte des Sommers. Sommeranthologie. Die schönsten Gedichte, Geschichten und Kalendernotizen. Verlag BoD Books on Demand. Norderstedt 2015. ISBN 978-3-7347-89540.

In der Saar schwimmen keine Krokodile. Gegenwartslyrik & Texte. Verlag BoD Books on Demand. Norderstedt 2015. ISBN 9783738635676

Von Lorraine nach Aquitaine. Reisenotizen in Lyrik und Prosa. Verlag BoD Books on Demand. Norderstedt 2016. ISBN 9783741210860.

Du trocknest meine Tränen wieder. Religiöse Lyrik & Texte. Verlag BoD Books on Demand. Norderstedt 2016. ISBN 9783743113589.

Zaubervolle Jahreszeiten. Der Frühling. Verlag BoD Books on Demand. Norderstedt 2017. ISBN 9783743125117.

Aus meinem Federkiel. Magische Momente. Natur & Seele. Gedichte. Verlag BoD Books on Demand. Norderstedt 2017. ISBN 9783744870511